Miniatur-Wassergärten

Ruth Kohle

Miniatur-Wassergärten

Dritte Auflage
53 Farbfotos
26 Zeichnungen

VERLAG
EUGEN
ULMER

Foto Seite 2:
Wunderschön
auch in einem
großen Garten:
ein Miniatur-Teich
auf der Terrasse

Die Deutsche Bibliothek – CIP-Einheitsaufnahme

Kohle, Ruth :
Schöne Miniatur-Wassergärten / Ruth Kohle. – 2. Aufl. –
Stuttgart : Ulmer, 1995
ISBN 3-8001-6596-1

Für die 3. Auflage:
ISBN 3-8001-3230-3

© 1992, 2001 Eugen Ulmer GmbH & Co.
Wollgrasweg 41, 70599 Stuttgart (Hohenheim)
Printed in Germany
Lektorat: Sabine Reh
Herstellung: Eva Brigel/Otmar Schwerdt
Zeichnungen: Marlene Gemke
Satz: Typomedia Satztechnik GmbH, Ostfildern
Druck und Bindung: Appl, Wemding

Vorwort

Seit einigen Jahren erfreuen sich Gartenteiche wachsender Beliebtheit und haben längst Einzug in viele unserer Hausgärten gehalten. Entsprechend gibt es inzwischen eine stattliche Anzahl an Teich- und Wasserpflanzenbüchern. Die meisten aber beziehen sich fast ausschließlich auf größere Gartenteiche; spezielle Tips und Anregungen für Miniatur-Teiche findet man darin nur selten und in wenigen Sätzen abgehandelt.

Da sich aber die Gesetzmäßigkeiten eines großen Gewässers nicht einfach auf ein kleines übertragen lassen, war es eigentlich längst an der Zeit, ein Buch ausschließlich über Miniatur-Wassergärten zu schreiben. Es wendet sich an all jene, die sich auf Terrasse oder Balkon einen kleinen Wassergarten in einem Faß oder einer Wanne anlegen wollen.

Seit meinem Studium beschäftige ich mich mit Wasserpflanzen. Durch diese Beschäftigung lernten mein Mann und ich uns kennen, schließlich eröffneten wir 1985 gemeinsam eine Wasserpflanzengärtnerei.

Als ich nun die Anfrage vom Verlag Eugen Ulmer erhielt, über dieses Thema zu schreiben, zögerte ich zunächst, da es mir schwierig erschien, neben Familie und Betrieb noch ein Buch zu verfassen. Aber dann reizte es mich doch, speziell den Kleinstteich zu beleuchten, nicht zuletzt angeregt durch all die Fragen, die unsere Kunden im Laufe der Jahre diesbezüglich an uns richteten. Vielleicht gelingt es mir so, den Kreis derer zu vergrößern, die sich auch ohne Garten mit dem Element Wasser und seinen Pflanzen umgeben möchten, getreu dem »Insider-Motto«: Der Mensch lebt glücklich nur im Ganzen, durch seine Liebe zu den Wasserpflanzen!

Und so möchte ich denn allen danken, die an der Herstellung dieses Buches beteiligt waren, besonders aber meiner Familie, die mich mit Geduld und Nachsicht in meinem Vorhaben unterstützt hat.

Ruth Kohle
Geretsried

Inhaltsverzeichnis

Linke Seite: Durch
die sparsame
Bepflanzung
kommt der Quell-
stein erst richtig
zur Geltung.

Sumpf und Wasser
ziehen die Tierwelt
an: Heuhupfer auf
einer Trollblume.

Für Peter
und unsere Kinder Sarah und Sophia

Das Element Wasser

Der Mensch konnte und kann ohne das Element Wasser nicht leben. Nicht von ungefähr siedelten sich die Menschen früher immer in der Nähe von Gewässern an. Auch in der Mythologie vieler Naturvölker spielt das Wasser, sowohl im rituellen als auch im philosophischen Sinne, eine große Rolle. Wenn wir heute auch unter anderen Voraussetzungen wohnen und leben, so hat das Wasser dennoch nichts von seiner Anziehungskraft verloren. Nicht nur Kinder fühlen sich zu Tümpeln, Bächen und Seen hingezogen.

Heutzutage hat das Wasser bei uns, in anderen Ländern wie zum Beispiel China und Japan schon seit vielen Jahrhunderten, vor allem auch Erholungs- und Gestaltungswert. Nicht umsonst bilden künstlich angelegte Teiche und Bachläufe den Mittelpunkt von Parks, alten Klostergärten und Schloßanlagen. Ein Gewässer lädt zum Verweilen ein. Wenn man nur ein wenig Zugang zur Natur hat, stellt es einen Ruhepol für Geist und Seele dar. Das Wasser an sich hat schon seine eigene Faszination. Eine Wasseroberfläche verändert sich ständig: Mal spiegeln sich Himmel und Wolken darin, oder das Spiel der Farben und Formen, der sie umgebenden Pflanzen und Gegenstände, verleiht ihr einen besonderen Reiz. Mal kräuselt sie sich im leichten Wind, und nachts glitzert das Wasser im Mondenschein. Fern von Hektik verschafft ein Gewässer dem Beobachter Entspannung und Freude.

Gleichzeitig bietet Wasser Lebensraum für unzählige Pflanzen- und Tierarten, die in oder an ihm leben. An einem gesunden Gewässer wird es nie langweilig. Da kraucht und platscht, flattert, schwirrt und summt es ständig, und immer neue Blüten erheben sich aus der Vielfalt der Blattformen von Sumpf- und Wasserpflanzen.

Leider werden durch unsere Achtlosigkeit der Natur gegenüber solch intakte Gewässer immer seltener. Dies dürfte auch ein Grund sein, weshalb immer mehr Leute den Wunsch nach einem eigenen Teich im Garten verspüren und ihn auch realisieren. Außerdem ist es durch die Entwicklung neuer Materialien in den letzten Jahrzehnten technisch einfacher und finanziell erschwinglicher geworden, sich einen solchen Traum zu erfüllen.

Wie steht es aber nun mit den Menschen, die keinen großen Garten zur Verfügung haben, in dem sie frei walten können? Müssen sie auf ein solches Vergnügen verzichten? Ich meine: Nein, es gibt genügend Gründe und Möglichkeiten, auch auf kleinstem Raum, sei es ein Balkon, eine Terrasse oder ein winziges Gärtlein, sich einen Miniteich anzulegen. Ein Wasser, und sei es noch so klein, belebt seine Umgebung, schafft einen zusätzlichen Blickfang und bereichert bisher vernachlässigte, unscheinbare Plätze. Auch ein Kleinstteich beherbergt mit der Zeit verschiedene Lebensgemeinschaften und ist im Jahreslauf ständig Veränderungen unterworfen. In jedem Fall bietet er einen interessanteren Anblick als derselbe Topf, bepflanzt mit Geranien oder Margeriten, die den Sommer über immer gleich aussehen. Auch für Unentschlossene mit größerem Garten ist so ein Miniwasserbecken eine gute Möglichkeit zum Ausprobieren.

Bevor Sie sich in die Arbeit stürzen, sollten Sie sich einige Gedanken machen. Fragen Sie sich: Was will ich, was erwarte ich und was kann ich verwirklichen? Setzen Sie Ihre Ansprüche nicht zu hoch und hüten Sie sich vor allzu großen Illusionen. Ein

Wassergarten in einem Faß, einer Mörtelwanne oder Schale ist nicht nur einfach ein kleiner Teich. In ihm herrschen andere Gesetzmäßigkeiten. Es wird darin nie ein biologisches Gleichgewicht entstehen, von einem Feuchtbiotop ist solch ein Becken meilenweit entfernt. Die inneren Abläufe sind aufgrund der geringen Größe schwieriger und störanfälliger, es gibt kaum selbstregulierende Mechanismen. Dafür ist die Pflege wesentlich einfacher, und die Möglichkeit, im Detail zu beobachten, besser. Da sich das geringe Wasservolumen schnell aufheizt, werden Sie sicherlich Probleme mit Algen bekommen. Auch zur Überwinterung von Pflanzen und Gefäß sollten Sie sich vorab schon Gedanken machen. In den meisten Fällen ist es wenig sinnvoll, Fische zu halten, und selbstverständlich muß man die Auswahl der Wasserpflanzen unter bestimmten Gesichtspunkten treffen, da nicht alle für ein kleines Becken geeignet sind. Viele dieser Schwachstellen lassen sich aber durch gestalterische Elemente wunderbar ausgleichen. Hier gelten eben andere Gesetze als in großen Teichen, so daß viele Ratschläge aus diesem Bereich wenig nutzen. Wenn Sie sich also darüber im klaren sind, daß in einem Kleinstteich immer nur Teilaspekte verwirklicht werden können, und Sie Ihre Ziele nicht zu hoch stecken, werden Sie viel Freude an Ihrem Tümpelchen haben.

Ich will Ihnen Mut dazu machen, einen solchen Versuch zu wagen. Die Tips und Anregungen sollen Unsicherheiten abbauen, damit Sie mit Hilfe dieses Wissens und Ihrer Phantasie Ideen entwickeln und neue, eigene Wege gehen können.

Linke Seite: Die Schwanenblume sollte man nur in größere Kübel pflanzen. Sie braucht Platz und eine gute Nährstoffversorgung.

Die Anlage des Miniatur-Wassergartens

Pflanzgefäße

Der erste Schritt, den Gedanken in die Tat umzusetzen, ist die Auswahl des Gefäßes. Hierfür gibt es im wesentlichen zwei Ausgangssituationen. Die eine ist, Sie finden einen schönen Topf oder ähnliches und überlegen sich dann, was man daraus machen kann. Die andere Möglichkeit besteht darin, daß man sich Gedanken über die örtlichen und auch finanziellen Gegebenheiten macht und sich dann nach einem passenden Behälter umsieht. Hierbei ist vor allen Dingen entscheidend, ob das Gefäß frei stehen soll (zum Beispiel auf einem Balkon oder einer Terrasse) oder ob man es lieber eingraben möchte. Auch das Material, die Größe und die Kosten sollten bedacht werden. Grundsätzlich gilt: je größer der Miniteich ausfällt, um so besser.

Eine Mörtelwanne, ein großes Holzfaß oder ein alter Steintrog bieten mehr Gestaltungsmöglichkeiten als eine kleine Keramikschale.

Eine Grundvoraussetzung ist natürlich, daß das Behältnis dicht ist oder zumindest mit Teichfolie oder anderen Materialien abgedichtet werden kann. Die notwendige Tiefe hängt im wesentlichen davon ab, ob man ein Wasser- oder ein Sumpfbecken haben möchte, oder vielleicht sogar ein paar kleine Fische einsetzen will. In jedem Fall sollte sie mindestens 25 cm betragen. Ein Aspekt, den Sie nicht außer acht lassen dürfen, ist die Gefahr für Kleinkinder. Wasser zieht Kinder nun einmal geradezu magisch an. Deshalb sollten Sie, wenn der Nachwuchs noch klein ist oder Sie oft Kinderbesuch haben, auf tiefe und vor allem eingegrabene Tonnen und Fässer unbe-

Ausgehöhlter Baumstamm als Sumpfbeet

dingt verzichten. In diesem Fall entscheidet man sich besser für flache Gefäße, die man auch noch teilweise mit Steinen auffüllen kann, damit nichts passiert.

Ein weiterer Gesichtspunkt ist die Überwinterung. Überlegen Sie sich schon jetzt, ob Ihr Miniatur-Wassergarten draußen überwintern soll oder muß. Da nicht alle Materialien frostbeständig sind, ersparen Sie sich Mühe und Enttäuschung, wenn Sie bereits bei der Auswahl des Gefäßes diesen Punkt in Ihre Planungen mit einbeziehen (siehe Überwinterung).

Wir wollen auf die verschiedenen Materialien eingehen und uns mit ihren Vor- und Nachteilen eingehender beschäftigen.

Holz

Mit Recht sehr beliebt sind Gefäße aus Holz wie halbierte Fässer, Bottiche und ausgehöhlte Baumstämme. Durch ihr natürliches Aussehen fügen sie sich in nahezu jede Umgebung ein und sehen eigentlich überall gut aus. Leider halten sie nicht ewig, wenn sie der Witterung ausgesetzt sind. Ein Holzgefäß sollte man nie eingraben, da es zu schnell vermodert. Außerdem wäre es schade um das schöne Stück. Wenn Sie einen Behälter aus Holz im Garten auf dem Erdboden aufstellen wollen, dann geben Sie darunter eine Kiesschicht, damit der Regen besser abläuft und das Faß nicht so schnell von unten durchfault. Holzfässer kann man alt oder neu und bereits halbiert in unterschiedlichen Größen im Fachhandel erwerben. Wenn Sie ein ganzes Faß aufgetrieben haben, so sollten Sie es aus Stabilitätsgründen kurz über dem Bandeisen halbieren.

Bei gebrauchten Tonnen und Fässern ist Vorsicht geboten. In jedem Fall muß man sichergehen, daß keine Reste des früheren Inhalts zurückbleiben, ganz gleich ob es sich dabei um Bier, Wein, Whisky oder, was besonders problematisch ist, um ölige Rückstände handelt. Wenn Sie später keine bösen Überraschungen erleben wollen, kommen Sie um eine gründliche Reini-

gung nicht herum. Zuerst saugt man mit Zeitungspapier die Flüssigkeitsreste auf. Dann wäscht man das Gefäß mehrmals mit heißem Wasser und umweltfreundlichen Reinigungsmitteln aus. Mehrfache Wasserwechsel gewährleisten, daß auch keine Rückstände des Reinigungsmittels mehr vorhanden sind. Es empfiehlt sich jedoch, zu stark verschmutzte Fässer gar nicht zu verwenden oder sie mit Teichfolie auszukleiden.

Wenn man das Glück hat, in der Nähe einer Gärtnerei zu wohnen, in der Teichfolien verschweißt werden, kann man sich eine Maßanfertigung machen lassen. Große Folienhersteller sind von solchen relativ komplizierten Minifolien meist nicht begeistert. In diesem Fall müssen Sie selbst Ihr Glück versuchen und mit Folienschweißmittel (bitte keinen normalen Klebstoff verwenden!) die gewünschte

Halbiertes Faß, bepflanzt mit Seerose und Froschlöffel

Mit Zypergras,
Hechtkraut,
Brasilianischem
Tausendblatt,
Muschelblumen
u. a. bepflanztes
Holzfaß

Form herstellen. Wichtig ist, daß Sie unbedingt spezielle Teichfolie verwenden, wobei eine Dicke von 0,5 mm ausreicht. Dünne Folien sind nicht so starr und leichter in ein enges Gefäß einzubringen. Wenn man bei Sonnenschein arbeitet, wird die Folie durch die Wärme weicher und läßt sich besonders gut verarbeiten. Sie muß locker und in Falten eingelegt werden, damit kein Zug entsteht, wenn man Erde, Steine und Wasser hineinfüllt.

Dann nagelt man die Folie am oberen Rand des Fasses sorgfältig fest. Da die Plane an den genagelten Stellen undicht wird, dürfen Sie auf keinen Fall unter der gewünschten Wasserlinie Nägel verwenden.

Die gleiche Arbeit ist notwendig, wenn man ein undichtes Faß hat. Es ist sinnvoll, dies vorher zu prüfen, obwohl die meisten Fässer dicht sind, da sie zuvor ja auch schon Flüssigkeiten enthielten. Bei einer eventuellen Behandlung mit Holzschutzmitteln muß man ganz sicher gehen, daß diese keine pflanzen- und tierschädlichen Stoffe enthalten.

Kunststoff

Für einen kleinen Wassergarten bieten sich fast alle Behälter aus Kunststoff an, seien es nun Eimer, Waschschüsseln, Hydrokulturgefäße oder Mörtelwannen. Da diese optisch meist nicht sonderlich attraktiv sind, eignen sie sich besonders zum Eingraben ins Erdreich. Deckt man den Rand zum Beispiel mit Steinen ab, kann man sie sogar in einen naturnahen Garten integrieren. Kunststoffgefäße sind lange haltbar und winterfester als Holzfässer, Steintröge oder Betonringe. Vorsicht geboten ist jedoch bei farbigen Kunststoffen. Sie sind normalerweise nicht UV-stabilisiert und werden leicht brüchig.

Teurer und aufwendiger im Einbau sind kleine Fertigteiche (bis etwa 3 m²). Dafür bieten sie eine gefälligere unregelmäßige Form und verschieden hohe Stufen für die Bepflanzung. Beim Eingraben müssen Sie sehr sorgfältig vorgehen. Das Loch sollte etwas größer als das Fertigbecken ausgehoben werden und ihm in seiner Form ent-

Kleiner Fertigteich mit Zwergrohrkolben, Hechtkraut, Sumpfdotterblume, Seerose und Wasserlilie (von links nach rechts)

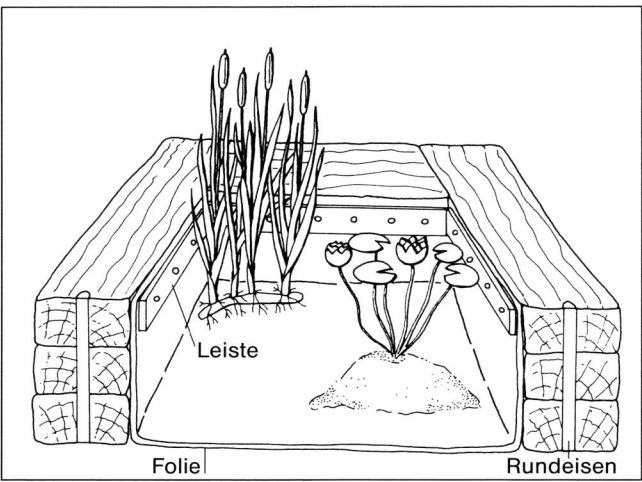

Freistehender Terrassenteich

sie etwa 20 cm überlappen. Diesen Folienrand gräbt man möglichst flach auslaufend ein und zieht ihn am Ende senkrecht hoch. Nun können Sie die Erde einbringen (siehe Pflanzerden) und den Teichrand mit Steinen oder Rasensoden bedecken.

Wenn der Platz im Garten nicht ausreicht oder man keine Lust hat, ein Loch zu graben, kann man sich auch einen Folienteich auf der Terrasse anlegen. Hierfür benötigen Sie Kanthölzer, deren Länge sich nach der gewünschten Größe richtet (Baustoffhandel), und Teichfolie. Die Kanthölzer werden aufeinandergelegt und durch Rundeisen miteinander verbunden. Die Rundeisen muß man mit Gefühl einschlagen, damit die darunter liegenden Terrassenplatten nicht beschädigt werden. In das entstandene Gestell legt man die Teichfolie locker hinein und nagelt sie am obersten Holzrand fest. Da der Wasserdruck hoch ist, muß die Folie auf dem Boden aufliegen. Sie darf nicht wie ein »nasser Sack« in dem Holzgestell hängen.

Nachteilig an dieser Konstruktion ist, daß größere Flächen der Folie zu sehen sind. Zum einen sieht das nicht schön aus, zum anderen verkürzt es die Lebensdauer der Folie erheblich. Obwohl fast alle im Handel erhältlichen Teichfolien UV-stabilisiert sind, werden sie doch mit der Zeit brüchig, wenn sie Sonnenschein und extremen Witterungseinflüssen ausgesetzt sind.

Eine interessante Variante für den Balkonbesitzer ist ein Sumpfbeet im Blumenkasten. Dies ist zwar nicht unbedingt eine Alternative zu den unermüdlich blühenden Geranien und anderen Balkonblumen, eine hübsche Ergänzung stellt es aber sicher dar. Sie benötigen hierfür nur einen normalen Balkonkasten aus Kunststoff. Natürlich darf er keine Löcher haben. Dieses Sumpfbeet ist sogar frostfest und kann an Ort und Stelle verbleiben.

Keramik

Besonders schön für Balkon und Terrasse sind Keramikschalen jeder Größe und Form. Sie stellen im Gegensatz zu vielen

sprechen. Wichtig ist, daß Sie das Becken gerade hineinsetzen, es darf auf keinen Fall verkanten. Am besten verwenden Sie hierfür eine Wasser- oder Schlauchwaage. Es sieht auch nicht gut aus, wenn der Wasserspiegel keinen einheitlichen Abstand zum Beckenrand hat. Dieser sollte mit dem Erdboden abschließen und nie darüber hinausstehen. Ist man mit dem Sitz des Beckens zufrieden, werden die Zwischenräume mit Sand und Wasser eingeschlämmt. Den meist breiten Rand belegt man am besten mit Steinen, Platten oder Rasensoden, damit das angrenzende Erdreich nicht bei jedem Regenguß hineingeschwemmt wird.

Auch mit einem nur wenige Quadratmeter großen Stück Teichfolie (0,5 bis 0,8 mm dick) läßt sich ein hübscher Miniteich selbst bauen. Hierfür gräbt man ein Loch, das an der tiefsten Stelle höchstens 70 cm tief sein soll. Wichtig ist, daß Sie ein bis zwei Stufen in einer Tiefe von etwa 20 bis 40 cm mit einbauen. Dadurch kann man den Wasserstandsansprüchen verschiedener Wasserpflanzen gerecht werden. Ein »Krater« bietet nur wenig Bepflanzungs- und Gestaltungsmöglichkeiten. Außerdem werden die steil abfallenden, glatten Folienwände oft zur Falle für Amphibien, Vögel, Igel oder Haustiere, die dort trinken wollen. Die Folie muß locker und in Falten verlegt werden, am Rand sollte

Kunststoffkübeln an sich schon einen attraktiven Blickfang dar. Da sie meistens nicht sehr groß sind, muß die Bepflanzung besonders sorgfältig geplant werden (siehe Gestaltung). Auch sollten Sie sich auf sumpfige Erde oder ein paar Zentimeter Wasserstand beschränken, und nicht versuchen, verschiedene Wassertiefen in einem Gefäß einzurichten. Keramikschalen müssen zumindest innen glasiert sein, damit sie dicht sind. Da sie nicht frostfest sind, ist es notwendig, sie im Winter zu entleeren oder samt der Bepflanzung ins Haus zu holen (siehe Überwinterung).

Beton

Auch Betongefäße oder Rohre aus Beton eignen sich zum Bau eines Miniwassergartens. Sie müssen jedoch einige Punkte bedenken, bevor Sie sich an die Arbeit machen. Abgesehen von kleinen Schalen haben Behälter aus Beton ein hohes Eigengewicht, das durch Erde, Wasser und Steine noch vergrößert wird. Somit kann man sie auf einem Balkon nur bedingt verwenden. Außerdem ist es nur unter großen Mühen möglich, ein Betongefäß an eine andere Stelle zu versetzen. Der Standort sollte also wohlüberlegt sein.

Die im Handel erhältlichen Betonkübel sind meistens für Erdbepflanzungen gedacht und haben somit ein Abflußloch. Dieses muß natürlich verschlossen werden, was sich jedoch leicht mit einem Dichtungsmittel, wie zum Beispiel Silikon, bewerkstelligen läßt.

Schwieriger wird es, wenn man Betonringe, die es in verschiedenen Höhen und Durchmessern im Baustoffhandel gibt, in ein dichtes Wasserbecken verwandeln will. Etwas Übung und Geschicklichkeit beim Betonieren sind schon wünschenswert. Haben Sie eher zwei linke Hände, so sollten Sie sich vielleicht doch lieber für ein Holzfaß oder ähnliches entscheiden. Es ist nämlich nicht ganz einfach, den Übergang zwischen Boden und Ring wirklich dicht zu bekommen. Wichtig ist vor allem, daß der Untergrund eben und gerade

ist. Am besten legt man noch ein Stück Teichfolie unter und zieht es an den Rändern hoch. Darauf geben Sie nun eine etwa 15 cm dicke Betonschicht und streichen sie glatt. Besonderen Wert müssen Sie dabei auf die Verbindungsstellen zwischen Ring und Boden legen. Eine leichte Wölbung des Betonbodens nach unten ist statisch vorteilhaft. Da frischer Beton Kalk absondert, ist es notwendig, das Becken nach dem Abbinden mit verdünntem Essig auszuwaschen. Anschließend empfiehlt es sich, mehrere Wasserwechsel vorzunehmen, um letzte Reste zu entfernen.

Eine Möglichkeit, die Haltbarkeit zu erhöhen, ist ein Innenanstrich mit Chlorkautschukfarben. In jedem Fall müssen die

Abdichten eines Betonrings mit einem Folieneinsatz oder Beton

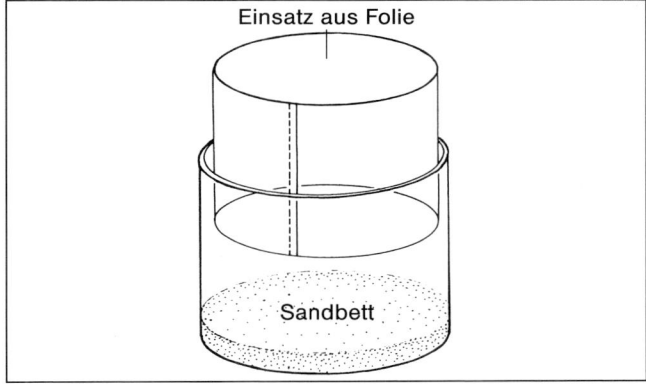

Einsatz aus Folie

Sandbett

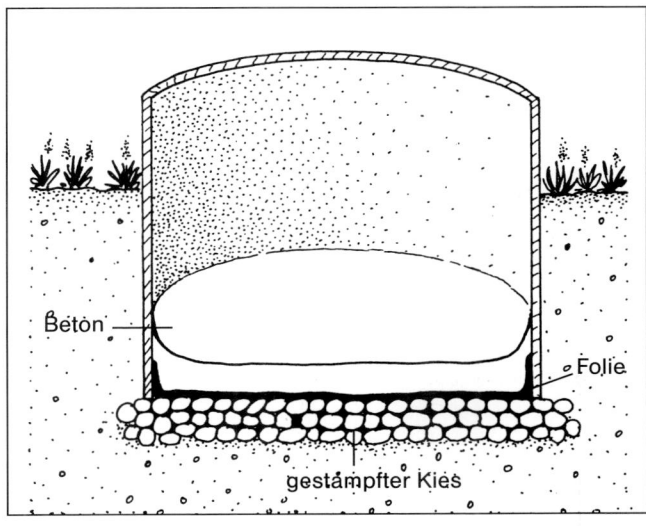

Beton

Folie

gestampfter Kies

17

Farben ungiftig und wasserfest sein. Lacke dürfen nicht verwendet werden! Selbstverständlich können Sie, um ganz sicher zu gehen, ein solches Betonbecken auch zusätzlich mit Folie auskleiden. Bei eingegrabenen Ringen wird die Folie nur locker über den Rand geschlagen und mit Steinen oder Erde bedeckt. Dabei stellt sich allerdings die Frage, ob es nicht einfacher ist, einen kleinen Folienteich ohne den Umweg über ein Betonbecken anzulegen. Schwieriger wird die Befestigung der Folie bei freistehenden oder hoch über den Erdboden hinausragenden Ringen. Da der Rand recht schmal ist, kann man ihn nur schwerlich mit Steinen belegen. Am besten kleben Sie die Teichfolie mit Flüssigfolie am Beton fest.

Betongefäße sind im allgemeinen sehr haltbar. Da die meisten jedoch senkrechte Wände haben, kann bei starkem Frost der Eisdruck so groß werden, daß Risse entstehen und das Becken undicht wird (siehe Überwinterung). Hier haben Sie nun keine andere Wahl, als das Gefäß völlig auszu-

Oben: Die Ringe aus Waschbeton harmonieren gut mit der Steinlandschaft.

Links: Natursteintrog mit Pfeilkraut, Sumpfdotterblume, *Iris kaempferi* und Sumpfvergißmeinnicht (von links nach rechts).

Linke Seite: Eine solch dicht bepflanzte Sumpfschale eignet sich vorwiegend zu kurzzeitigen Dekorationszwecken.

räumen und sorgfältig zu säubern. Die Risse werden ausgeklopft, geglättet und dann mit Zement verstrichen. Erfolgsversprechender noch ist die Verwendung von glasfaserverstärktem Polyesterharz. Bitumen verbreitet bei der Verarbeitung giftige Dämpfe und kann daher nicht empfohlen werden. Die sicherste Lösung, wenn der Teich leckt, ist das Auslegen mit Teichfolie.

Andere Materialien

Bei der Wahl der Behältnisse für einen Miniatur-Wassergarten sind Ihrer Phantasie keine Grenzen gesetzt. Wasserpflanzen gedeihen auch in Steintrögen, ausgedienten Aquarien, alten Badewannen und Waschzubern. Gefäße aus Metall, wie zum Beispiel Kupfer, Zink oder Eisen, müssen aber entweder innen beschichtet sein oder mit einem unschädlichen Schutzanstrich versehen werden. Sie rosten sonst und geben Schadstoffe an das Wasser ab, wodurch die Pflanzen kümmern oder sogar eingehen.

Der richtige Platz

Ein kleiner Wassergarten, bestehend aus einem oder mehreren Kübeln, bietet eine Menge Möglichkeiten, langweilige Ecken auf Balkon oder Terrasse zu beleben oder neue Schwerpunkte für einen Dachgarten oder Innenhof zu finden. Da solche Miniteiche keine Fernwirkung haben, sollten Sie den Standort immer in der Nähe des Hauses oder eines oft benutzten Sitzplatzes wählen. Ein solches Kleinod muß man aus der Nähe betrachten. In der Mitte einer Rasenfläche aufgestellt, verliert es sich und wirkt nahezu lächerlich. Haben Sie mehrere Plätze zur Auswahl, sollten Sie sich für eine geschützte, windarme und vorwiegend sonnige Stelle entscheiden.

Wasserpflanzen sind sonnenliebend. Erst bei einer täglichen Sonnenbestrahlung von etwa sechs Stunden entfalten sie ihre volle Schönheit und blühen üppig. Allerdings gelten für kleine Wasserbecken zum Teil andere Gesetze, als für »richtige« Teiche. Während die Vorteile einer intensiven Sonnenbestrahlung für große Gartenteiche auf der Hand liegen, bringt sie für Kübel- und Wannentümpel auch einige Nachteile mit sich. So erwärmt sich eine solch geringe Wassermenge sehr schnell, was eine heftige Algenbildung, verbunden mit Sauerstoffmangel, zur Folge hat. Daher darf man in ein Gefäß, das sich stark aufheizt, nie Fische einsetzen. Sie würden nur wenige Tage überleben. Etwas mildern können Sie die starke Erwärmung dadurch, daß Sie vorwiegend Schwimmblattpflanzen (zum Beispiel Seerosen oder Wasserähre) einsetzen, oder Schwimmpflanzen (zum Beispiel Muschelblume, Wasserhyazinthe und Feenmoos). Sie beschatten mit ihren Blättern die Wasseroberfläche (siehe Pflanzen für den Miniatur-Wassergarten).

Zum Problem werden kann auf Dachgärten und Südbalkonen außerdem die stehende Hitze. Seerosen und tropische Pflanzen gedeihen hier gut. Schwieriger wird es bei Wasserpflanzen, die über die Wasseroberfläche hinausragen. Sie benötigen eine hohe relative Luftfeuchte, sonst vertrocknen ihre Blätter. Man kann Abhilfe schaffen, indem man den Miniteich mit anderen, höher wachsenden Kübelpflanzen umgibt. Sie spenden Schatten und schützen auch vor Wind, so daß die zarten Halme nicht so leicht abknicken. Geeignet sind hierfür zum Beispiel Koniferen, Oleander, Buchs und kleine Gehölze (siehe Gestaltung). Doch sollten diese Begleiter in ihrem Erscheinungsbild in den Hintergrund treten, damit sie dem Wassergarten nicht die Schau stehlen.

Überhaupt sollten Sie auf einen ruhigen Hintergrund achten. Üppig blühende Stauden oder Balkonpflanzen erdrücken den kleinen Wassergarten optisch. Besser eignen sich eine Holzwand oder Mauer beziehungsweise eine zurückhaltende Bepflanzung. Sie lenken den Blick nicht so sehr vom Wassergarten ab und lassen ihn besser zur Geltung kommen.

Aber auch ein vernachlässigtes Schattenplätzchen kann durch ein Faß, eine

Schale oder Wanne mit Wasserpflanzen bereichert werden. Die Pflanzen werden hier kaum unter zu großer Hitze leiden, das Algenwachstum hält sich in Grenzen, und bei entsprechender Größe kann man sogar ein paar kleine Fische einsetzen (siehe Tiere im Miniatur-Wassergarten). Umgekehrt darf man keine üppige Blütenpracht erwarten. So sind Seerosen für einen solchen Platz völlig ungeeignet. Es gibt jedoch einige Sumpf- und Wasserpflanzen, die auch im Halbschatten oder Schatten blühen, meist etwas bescheidener als in der Sonne, oder aber schon durch ihre Blatt- und Wuchsformen einen interessanten Blickfang bilden (siehe Gestaltung im Wasser).

Auf keinen Fall sollten Sie ein Faß oder eine Wanne, die Sie bepflanzen möchten, gleichzeitig als Regentonne verwenden. Wasserpflanzen, allen voran Seerosen, vertragen keine Sturzbäche von oben. Außerdem wird bei heftigem Regen das Wasser in der Tonne stark aufgewühlt. Besonders nach den Wintermonaten werden Rückstände von Heizöl und anderen Luftverschmutzungen vom Dach in das Becken gespült. Da das Wasservolumen zu gering ist, als daß es zu einem Selbstreinigungsprozeß käme, kann durch die öligen Rückstände sämtliches tierische und pflanzliche Leben vernichtet werden.

Pflanzerden und Düngung

Ähnlich wie bei großen Teichen spielt das verwendete Substrat, die Teicherde, eine wesentliche Rolle. In der Fachliteratur findet man dazu die unterschiedlichsten Empfehlungen. Wir stützen uns auf unsere Erfahrungen, die wir in jahrelanger Praxis gesammelt haben.

Am naheliegendsten, gerade für Schalen und Kübel, erscheint es, normale, im Handel erhältliche **Blumenerde** zu verwenden. Die meisten fertig gemischten Gartenerden sind jedoch mit schnell wirksamen Mineraldüngern versehen. Nehmen Sie eine solche Erde nun als Teichsubstrat, so wird, bedingt durch das hohe Nährstoffangebot, eine explosionsartige Vermehrung von Algen stattfinden. Außerdem werden die Wasserpflanzen unkontrolliert wachsen, was bei kleinen Gefäßen nicht wünschenswert ist. Zum Teil sind in diesen Mischungen auch bodenstrukturverbessernde Zusätze wie Styromull oder Rinde enthalten, die auf der Wasseroberfläche schwimmen. Rinde würde durch ihre Gerbstoffe auch die Wasserqualität negativ beeinflussen und hat daher in einem Teich nichts verloren.

Für ein Sumpfbeet im Blumenkasten oder in einer Schale dagegen können Sie Blumenerde verwenden. Doch sollten Sie darauf achten, daß wenig Dünger und möglichst keine Rinde enthalten sind.

Ähnliches gilt für nährstoffreiche Erden wie **Humus** und **Kompost**. Auch sie kann man für Sumpfbeete, in denen nur die Erde feucht gehalten wird, verwenden. Für Becken mit Wasserfläche eignen sie sich nicht, da sie zu viele Nährstoffe abgeben, die zuerst den Algen zugute kommen (siehe Algen und ihre Bekämpfung).

Der immer wieder empfohlene **Pferdemist** birgt dieselben Gefahren. Außerdem kann es passieren, daß der Mist, wenn er nicht völlig verrottet ist, im Wasser unter Luftabschluß fault. Die entstehenden Faulgase bewirken, daß das Wasser unangenehm riecht. In einem solchen Fall helfen nur völliger Austausch der Erde und Wasserwechsel.

Purer **Sand** als Teicherde hat sich nicht bewährt. Am Anfang ist er locker und schwimmt auf, so daß das Einpflanzen schwierig ist. Später wird er durch den Wasserdruck hart und undurchlässig. Sollten Sie jedoch in einer »sandigen Gegend« wohnen und Probleme mit der Beschaffung anderer Erden haben, so können Sie Sand als Teicherde nutzen, indem Sie ihn mit etwas magerer Gartenerde oder Lehm vermischen.

Reiner **Kies** ist als Pflanzsubstrat völlig ungeeignet, in ihm wächst nämlich nichts. Häufig wird empfohlen, ihn aus optischen Gründen oder zum Beschweren der Pflanzerde als Abdeckung zu verwenden. Zur Optik sei nur gesagt, daß Kies, der unter Wasser liegt, bald nicht mehr als solcher zu erkennen ist. Es dauert nicht lange, und er wird von feinem Mulm bedeckt sein, so daß er seine Wirkung gänzlich einbüßt. Selbstverständlich kann man ihn zur Zierde an den Rand des Gefäßes legen. Auch größere Kieselsteine sehen hübsch aus und stellen einen Übergang zwischen Land und Wasser her (siehe Gestaltungsmöglichkeiten). Doch sollten die Steine nicht zu eng um die Wasserpflanzen drapiert werden, da die neuen, jungen Triebe nur verkümmert oder gar nicht zwischen den Kieseln hervorwachsen können. Das Beschweren der Erde mit Steinen ist nicht notwendig, sofern man das richtige Pflanzsubstrat verwendet. Die beste Teicherde besteht nach meiner Erfahrung aus **Lehm**. Lehm kommt in vielen Bächen und Teichen vor, und ist somit der Natur abgeguckt. Er ist mager, normalerweise nährstoffarm und gibt den Pflanzen Halt. Auch bei einer Neubepflanzung kann man sie mühelos hineindrücken, weder Erde noch Pflanzen schwimmen auf. Eventuell können Sie den Lehm mit etwas Sand vermischen. Zur Lockerung beziehungsweise zur Ansäuerung des oft kalkhaltigen Teichwassers (siehe Algen) sollten Sie ein wenig Torf, ungefähr im Verhältnis 1:4 (ein Viertel Torf, drei Viertel Lehm), unter den Lehm mischen. Der Torf muß ungedüngt sein. Am Anfang werden Torfteilchen an der Wasseroberfläche schwimmen. Es dauert jedoch nicht lange, bis sie absinken.

Reinen **Torf** benötigt man für ein Moorbeet. Ein Moorbeet ist ein Sumpfbeet (feuchte Erde ohne Wasserstand) im sauren Milieu. Das heißt, der pH-Wert muß unter 7 liegen, was sie erreichen, indem Sie reinen Torf verwenden. Für diesen Bereich gibt es aparte und ausgefallene Pflanzen. Ein Moorbeet kann zum Schmuckstück von Balkon oder Terrasse werden und ist ganz einfach zu pflegen.

Sollten Sie Schwierigkeiten haben, in Ihrer Umgebung Lehm aufzutreiben, so können Sie auf die in Fachbetrieben erhältliche, fertig abgepackte Teicherde zurückgreifen. Auch magerer Gartenboden stellt eine Möglichkeit dar. Sie sollten jedoch sicher sein, daß er seit Jahren (!) nicht gedüngt wurde. Verfallen Sie nicht auf die Idee, sich von vermeintlich kargen Ackerböden Erde zu besorgen. Landwirtschaftliche Nutzflächen sind fast immer stark gedüngt und somit sehr nährstoffreich.

Nach allem, was bisher über Nährstoffe im Wassergarten gesagt wurde, dürfte deutlich geworden sein, daß das Thema **Düngung** sich nahezu erübrigt. Wasserpflanzen wachsen schneller als Landpflanzen und neigen dazu, sich stark auszubreiten. Genau dies ist in einem Kübel, einer Wanne oder Schale aber nicht von Vorteil.

Zum einen wird es nicht immer möglich sein, eine wirklich nährstoffarme Erde zu besorgen, zum anderen werden abgestorbene Pflanzenteile biologisch abgebaut und die entstandenen Nährstoffe von den Pflanzen wieder aufgenommen. Das bedeutet, daß Wasserpflanzen nahezu immer genügend Nahrung haben. Im übrigen fördert ein hohes Nährstoffangebot den Algenwuchs, da Algen im Wasser gelöste Stoffe schneller aufnehmen können als Wasserpflanzen (siehe Algen).

Es gibt eine Ausnahme: in Pflanzkörbe gesetzte Seerosen kümmern manchmal oder bekommen übermäßig viele gelbe Blätter. In so einem Fall sollte man etwas nachhelfen und ein wenig (!) Hornspäne unter die Pflanzerde mischen. Auch der meist in Tablettenform erhältliche Seerosendünger eignet sich dazu. Bitte werfen Sie den Dünger nicht einfach ins Wasser, sondern drücken Sie ihn in die Erde. So kann er seine Wirkung gleich an der richtigen Stelle entfalten. Achten Sie aber darauf, daß er nicht direkt die Wurzeln der betreffenden Pflanze berührt. Das würde mehr schaden als nützen.

Ich empfehle jedoch, auch eine Seerose nicht gleich beim Einpflanzen zu düngen, sondern sie ein paar Wochen zu beobachten. Bei einem Miniteich ist es ja kein Problem, nachträglich ein wenig Dünger zur Erde dazuzugeben.

Zusammenfassend kann man festhalten, daß Sie in einem kleinen Wasserbecken möglichst gar nicht oder nur sehr wenig und gezielt düngen sollten.

Wie bepflanze ich meinen Miniatur-Wassergarten?

Wenn Sie nun die notwendige Erde beschafft haben, stellt sich die Frage: Soll man das ganze Gefäß mit Substrat füllen und die Pflanzen frei auspflanzen, oder lieber in Körbe setzen? Bei kleinen Schalen und Töpfen erledigt sich das Problem von selbst, in diesem Fall wird man die Erde direkt einfüllen. Bei größeren Kübeln, Fässern und Becken hat man die Qual der Wahl.

Grundsätzlich gilt: Wasserpflanzen fühlen sich wohler und wachsen besser, wenn sie nicht in Gefäße gezwängt werden. Außerdem sieht es hübscher aus, da man die Korbränder meistens doch nicht völlig verdecken kann. Andererseits wird das ausufernde Wachstum der meisten Sumpf- und Wasserpflanzen durch Körbe etwas gebremst, und die Überwinterung ist einfacher, da die einzelnen Körbe leicht zu transportieren sind (siehe Überwinterung). Wählen Sie also selbst, was Ihnen angenehmer ist. Sollten Sie sich für eine

Streng geometrisch: Ineinander übergehende Betonbecken stellen eine Beziehung her zwischen Terrasse und tiefer liegendem Garten.

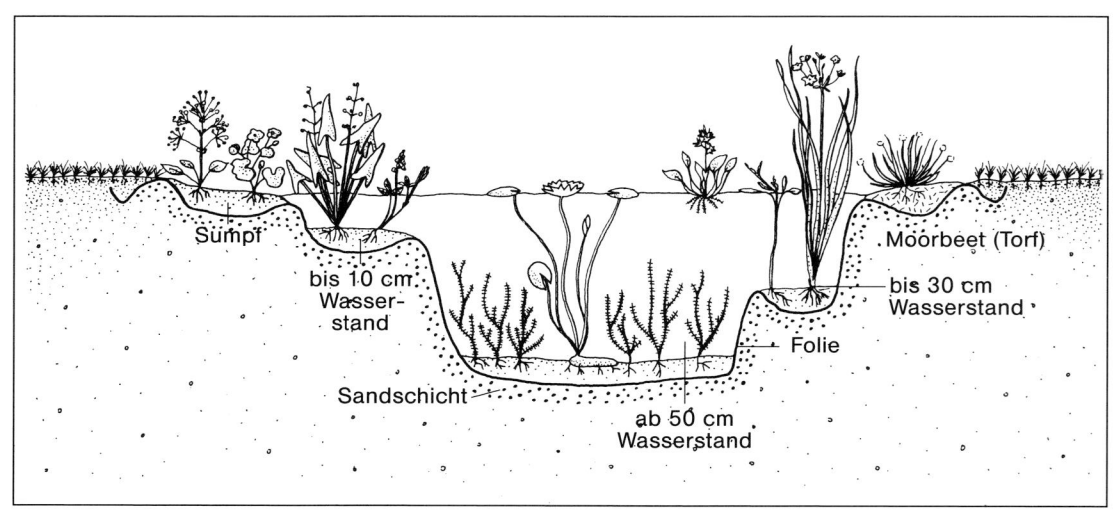

Sumpf

bis 10 cm Wasser-stand

Sandschicht

ab 50 cm Wasserstand

Moorbeet (Torf)

bis 30 cm Wasserstand

Folie

Verschiedene Pflanztiefen, mit Steinen abgegrenzt

Korbbepflanzung entscheiden, so verwenden Sie bitte unbedingt Gitterkörbe, die es für Wasserpflanzen in verschiedenen Größen und Formen im Fachhandel gibt. Auf gar keinen Fall dürfen Sie die Pflanzen in den kleinen Töpfen (meist 8-cm- bis 10-cm-Töpfe) lassen, in denen sie gekauft wurden, und sie damit ins Wasser setzen. Wasserpflanzen brauchen Platz für ihre Wurzeln, und der Mißerfolg wäre vorprogrammiert. Besonders Seerosen kümmern und blühen nicht, wenn ihre Wurzeln auf Widerstand stoßen. Ausnahmen sind Zimmerpflanzen wie das Zypergras *(Cyperus alternifolius)* oder der Papyrus *(Cyperus papyrus),* die man in ihrem Pflanztopf beläßt und sie nur vorübergehend in den kleinen Teich stellt (siehe Tropische Wasserpflanzen). Aber auch diese Arten benötigen zumindest einen großen Topf.

Sumpf- und Wasserpflanzen stellen verschiedene Ansprüche an die Wassertiefe. Dies ist ein sehr wichtiger Punkt, ob man nun die Bepflanzung eines Gartenteiches oder die eines kleinen Wasserbeckens plant. Im wesentlichen gilt die folgende Aufteilung: Als Sumpfbereich bezeichnen wir feuchte bis nasse Erde, die nur vorübergehend, etwa nach einem starken Regen, einen geringen Wasserstand aufweist. Im Sumpf fühlen sich alle Sumpfpflanzen, aber auch viele Pflanzen aus der Flachwasserzone (5 bis 20 cm Wasserstand über der Erde) wohl. Die tiefe Zone reicht von etwa 40 bis 100 cm Wassertiefe. Dort wachsen zum Beispiel Rohrkolben, Wasserschwaden und Kanadischer

Reis, die jedoch alle wegen ihrer Größe und Wuchsfreudigkeit für ein kleines Bekken nur in Ausnahmefällen geeignet sind (siehe Pflanzen für den Miniatur-Wassergarten). So ist dieser Teil den Seerosen und Unterwasserpflanzen vorbehalten.

Es hängt nun von der Größe und Tiefe des Gefäßes ab, was sich in Ihrem Fall realisieren läßt. In einem Miniatur-Wassergarten werden sich aus Platzgründen nur ein bis zwei Pflanzstufen verwirklichen lassen. Die unterschiedlichen Wassertiefen erreicht man durch verschieden hoch eingebrachte Erde. So kann man zum Beispiel eine kleine Fläche mit Steinen abgrenzen und mit Erde auffüllen, und erzielt somit einen niedrigeren Wasserstand als im übrigen Gefäß. Die jeweilige Erdschicht sollte etwa 15 cm dick sein. Die meisten Sumpf- und Wasserpflanzen sind Flachwurzler, was die Bepflanzung von Schalen erst möglich macht.

Haben Sie sich für Pflanzkörbe entschieden, so können Sie diese auf Steine stellen (dürfen nicht wackeln!) und dadurch unterschiedliche Wasserstände erreichen. Auch hat sich die Idee bewährt, vor allem bei tiefen Gefäßen wie Tonnen und Fässern, die Körbe mit Haken am Rand einzuhängen. Falls Ihnen kein Lehm zur Verfügung steht und Sie vielleicht auf Gartenerde oder Sand zurückgreifen müssen, empfiehlt es sich, ein Stück Sackleinen oder ähnliches in den Korb zu legen, die Ecken hochzuziehen und dann erst die Erde bis knapp unter den Korbrand einzufüllen. Auf diese Weise wird verhindert, daß die Erde aus den Löchern wieder herausrieselt. Wichtig ist, daß Sie ein lockeres Naturgewebe verwenden, welches sich mit der Zeit zersetzt und durch das die Wurzeln hindurchwachsen können.

Die optimale Pflanzzeit für einen Miniteich ist das Frühjahr. Grundsätzlich können Wasserpflanzen von März bis Oktober gesetzt werden. Da aber Schalen und Kübel für gewöhnlich im Winter entleert werden müssen, hat es natürlich wenig Sinn, sie erst im August zu bepflanzen.

Als Teichwasser eignet sich Leitungswasser besser als Regenwasser, das häufig sauer ist und Schadstoffe und Heizmittelrückstände enthält. Im Gegensatz dazu ist das Leitungswasser oft sehr kalkhaltig. Am besten bestimmen Sie den pH-Wert mit Lackmuspapier aus der Apotheke. Dieser Wert zeigt den Säuregrad einer Flüssigkeit oder Substanz an. Liegt er zwischen 1 und 6, spricht man von einer sauren Reaktion, von 8 bis 14 bezeichnet man ihn als alkalisch oder basisch. Tauchen Sie den Papierstreifen kurz ins Wasser und warten, bis er sich verfärbt. Mit einer Tabelle können Sie nun den Säuregrad ablesen. Das Wasser für einen Kleinstwassergarten sollte einen pH-Wert von etwa 7 haben, also neutral sein. Wasserpflanzen vertragen jedoch im allgemeinen einen Anstieg ins Basische eher als eine Absenkung ins saure Milieu. Außerdem können Sie mit etwas Torf einen zu hohen pH-Wert leicht absenken.

Für ein Moorbeet dagegen eignet sich eher saures Regenwasser gut. In diesem Fall wäre der Kalkgehalt des Leitungswassers von Nachteil.

Linke Seite oben: Schema für die verschiedenen Wassertiefen: Froschlöffel, Sumpfdotterblume, Pfeilkraut, Fieberklee, Unterwasserpflanzen, Seerose, Wasserhyazinthe (schwimmend), Wasserähre, Schwanenblume, Wollgras (von links nach rechts)

Pflanzkörbe, auf Steine gestellt

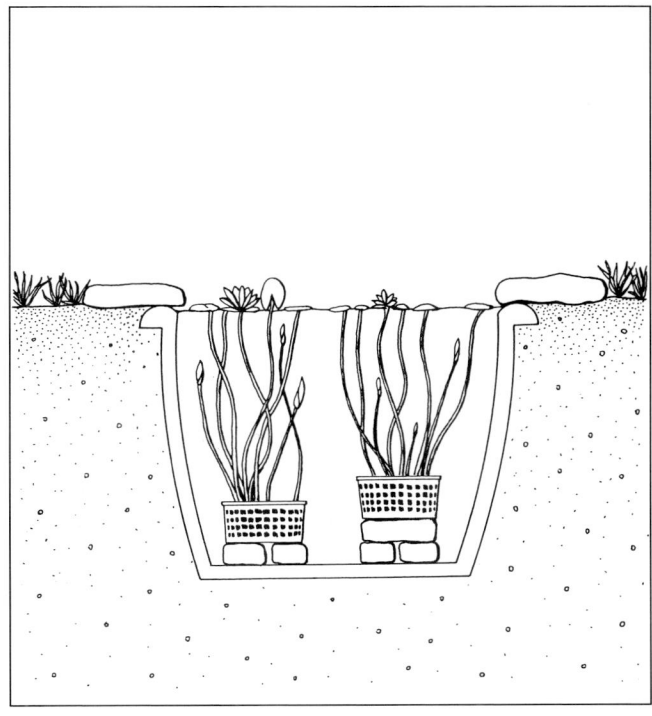

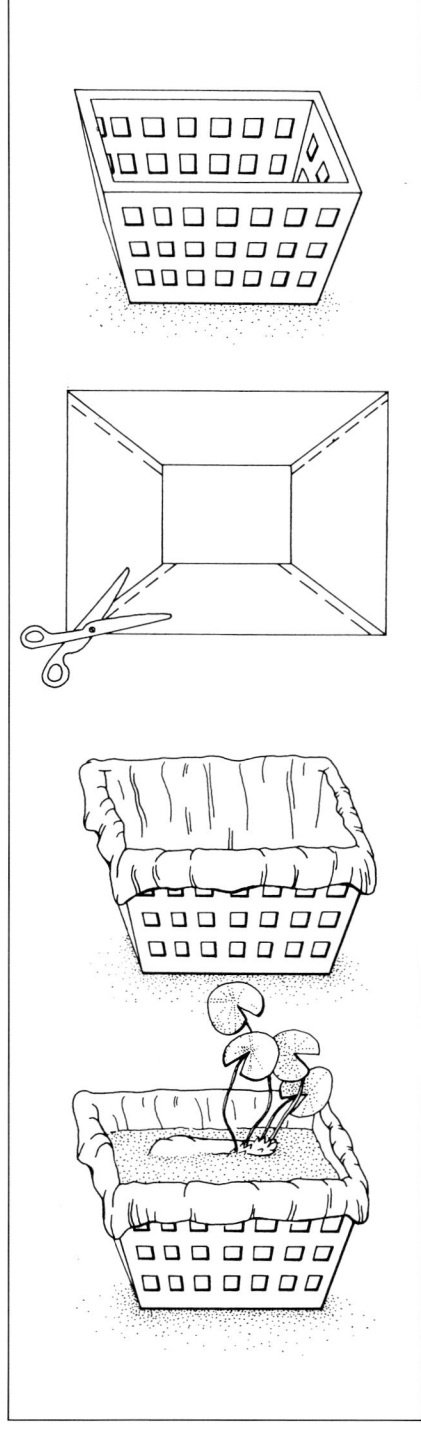

Verwendung von Pflanzkörben. Sackleinen wird eingeschnitten und in den Pflanzkorb hineingelegt, der Korb mit Erde gefüllt und bepflanzt.

Zum Bepflanzen füllen Sie das Gefäß am besten gleich mit Wasser oder machen zumindest die Erde richtig naß. Dies hat den Vorteil, daß später beim Wassereinlassen keine Pflanzen herausgeschwemmt werden. Pflanzen Sie nie in trockene Erde oder bei Sonnenschein. Die zarten Blättchen der Wasserpflanzen vertrocknen sehr leicht. Wenn Sie nach dem Pflanzeneinkauf Ihren Kübel nicht gleich bepflanzen können, so müssen Sie die Wasserpflanzen kühl und feucht, und möglichst nicht länger als zwei Tage, aufbewahren. Dann topfen Sie die Pflänzchen aus, entfernen vorsichtig vertrocknete Teile und drücken sie bis zum Wurzelhals ins Substrat. Vorsicht, im Frühjahr sind Triebspitzen und Knospen noch sehr klein und empfindlich. Achten Sie darauf, daß sie beim Einpflanzen nicht beschädigt werden. Bedenken Sie auch, von welcher Seite Sie das Gefäß am häufigsten betrachten werden und setzen sie die größeren Gewächse nach hinten, in den Vordergrund eine Seerose oder Schwimmpflanze (siehe Gestaltungsmöglichkeiten).

Während man in einem großen Teich die Unterwasserpflanzen und Seerosen zuerst an die tiefste Stelle setzt, da man diese später bei gefülltem Teich nur schlecht erreicht, empfiehlt es sich, bei einem Miniteich in umgekehrter Reihenfolge vorzugehen und zuerst die Stauden mit Ballen einzusetzen, dann die Seerose und die Unterwasserpflanzen. Zum Schluß legt man die Schwimmpflanzen aufs Wasser. Ansonsten kann es durch den geringen »Handlungsspielraum« leicht passieren, daß man die Unterwasserpflanzen, die ohne Wurzeln büschelweise in die Erde gedrückt werden, aus Versehen wieder herauszieht. Nun ist auch der Zeitpunkt gekommen, Kiesel und Wurzelstücke in dem Gefäß zu arrangieren. In jedem Fall muß darauf geachtet werden, daß die Steine nicht zu dicht neben den Pflänzchen liegen, da diese sonst in ihrem Wachstum behindert werden. Nach dem Einpflanzen wird das Wasser braun von der aufgewühlten Erde sein. Sie senkt sich aber nach wenigen Tagen ab.

Pflanzen für den Miniatur-Wassergarten

Wenn Sie sich nun für ein Gefäß entschieden, einen guten Standort gewählt und bereits Erde in Ihren Kübel gefüllt haben, beginnt der schönste Teil der Arbeit: die Bepflanzung. Auch die Pflanzenauswahl will überlegt sein, damit Ihnen später allzu große Enttäuschungen erspart bleiben. Bei der Bepflanzung eines Miniteiches tritt das gestalterische Element mehr in den Vordergrund als bei einem großen Gartenteich. Je kleiner das Gewässer, um so mehr gewinnen einzelne Wuchs- und Blattformen an Bedeutung. Da das Auge des Betrachters nicht in die Ferne schweift und mal an dieser, mal an jener Pflanzengruppe verweilt, sondern mit kritischem Blick die 1 bis 2 m² Sumpf- oder Wasserbecken begutachtet, sollten Sie auf eine harmonische Zusammenstellung der Pflanzen bedacht sein (Beispiele siehe Gestaltungsmöglichkeiten).

Aber selbstverständlich müssen vor allen optischen Gesichtspunkten die Ansprüche der einzelnen Pflanzen beachtet werden. Eine wesentliche Rolle spielen hierbei die Wassertiefe und die Lichtverhältnisse. So müssen Sie sich unbedingt nach den Angaben zur Wassertiefe richten. Zu tief gesetzte Wasserpflanzen kümmern oder gehen sogar ein. Füllen Sie also lieber noch etwas Erde nach oder setzen Sie die Pflänzchen in einen Korb. Durch untergelegte Steine kann man dann den Wasserstand regulieren. Wenn das Gefäß zu klein ist, um verschiedene Wassertiefen einzurichten, dann beschränken Sie sich auf Pflanzen mit den gleichen Ansprüchen an die Wassertiefe. Vielleicht stellen Sie mehrere Töpfe mit jeweils unterschiedlichem Wasserstand nebeneinander.

Wasserpflanzen und vor allem Seerosen lieben die Sonne. Die meisten wachsen zwar auch im Schatten, blühen dann aber sehr dürftig oder gar nicht. Bei einem schattigen Standort ist es also besser, keine Blütenpflanzen auszuwählen, sondern Gräser wie Zypergras *(Cyperus longus)*, den Kalmus *(Acorus calamus)* oder verschiedene Binsen *(Juncus*-Arten) zu bevorzugen. Pflanzen, die auch im Schatten blühen, sind der Blutweiderich *(Lythrum salicaria)* und die Sumpfdotterblume *(Caltha palustris)*.

Was die Anzahl der Pflanzen in einem Gefäß betrifft, so gilt der Grundsatz: weniger ist mehr. Wasser- und Sumpfpflanzen wachsen rasch und breiten sich ungewöhnlich schnell aus. Stellen Sie sich also in jedem Fall darauf ein, daß Sie immer wieder auslichten müssen. Auch sollten Sie damit rechnen, daß manche Arten ein-

Sumpfschale mit Sumpfdotterblume, Münzkraut, Etagenprimel und Bachnelkenwurz (von links nach rechts)

fach vergehen, und andere sich durchsetzen. Sie werden damit Ihre eigenen Erfahrungen machen. Lassen Sie sich also nicht dazu verführen, zu viele verschiedene Arten auf einmal einzusetzen. Drei bis vier Pflanzen sind für eine Schale bis 50 cm Durchmesser genug, bei größeren Trögen können es auch ein paar mehr sein. Üppig bepflanzte Miniwassergärten sehen zwar am Anfang gut aus, machen aber spätestens nach einigen Wochen, wenn alles durcheinandergewachsen ist, einen verfilzten und häßlichen Eindruck.

Denken Sie bei der Auswahl der Pflanzen auch schon an Ihre Überwinterungsmöglichkeiten (siehe Überwinterung). Wollen Sie das ganze Gefäß samt Inhalt im Winter draußen lassen, soll alles im Haus überwintert werden oder wollen Sie nur ein paar Pflanzen hereinholen? Wenn Sie unter diesen Gesichtspunkten Ihre Wahl treffen, stehen Sie im Herbst nicht vor dem Problem, alle frostempfindlichen Pflanzen wegwerfen zu müssen, weil Sie keinen Platz zum Überwintern haben.

Nun können Sie nach Herzenslust aus dem reichen Angebot der Fachgärtnereien auswählen. Kaufen Sie aber nur kräftige und gesunde Pflanzen und entnehmen Sie nie welche aus der Natur! Die im folgenden aufgeführten Sumpf-, Wasser- und Moorbeetpflanzen eignen sich alle für kleine Gefäße, manche jedoch nur als Solitärpflanze, das heißt, man pflanzt nur eine Art in einen eigenen Bottich (zum Beispiel Rohrkolben).

Die angegebenen Wassertiefen sollen als Anhaltspunkt dienen, die meisten Wasserpflanzen haben einen gewissen Spielraum in bezug auf den Wasserstand. Im Zweifelsfall setzen Sie die Pflanzen lieber flacher. Sie gedeihen dort besser als bei zu tiefem Wasserstand.

Sumpfpflanzen (feuchte Erde bis etwa 5 cm Wassertiefe)

Gemeiner Froschlöffel *(Alisma plantago-aquatica)*. Er wächst im Sumpf oder flachen Wasser und ist besonders wegen des hohen, zarten Blütenstandes im Herbst sehr dekorativ. In einer Rosette aus löffelförmigen Blättern entsteht eine pyramidenartige Rispe mit kleinen weißen Blüten. Wenn man die starke Ausbreitung durch Samen verhindern will, sollte man die Blütenstände vor der Fruchtreife abschneiden und zum Beispiel für Trockensträuße verwenden. Der Froschlöffel überwintert als Wurzelstock, er verträgt Halbschatten und ist für kleine Becken gut geeignet.

Sumpfdotterblume *(Caltha palustris)*. Jedem bekannt ist wohl die Sumpfdotterblume, deren strahlendes Gelb an Bach- und Teichrändern den Frühling ankündet. Sie fühlt sich auch in kleinen Becken wohl und bringt die ersten Farbtupfer in Ihren Miniteich. Die Pflanze zieht im Spätsommer ein. *Caltha palustris* gedeiht im Gegensatz zu der gefüllten Sorte *Caltha palustris* 'Multiplex' auch im Schatten. Die gefüllte Sumpfdotterblume ist vom Wuchs

Durch ihren kompakten Wuchs und ihre Blühfreudigkeit eignet sich die gefüllte Sumpfdotterblume besonders für einen Miniteich.

her gedrungener, die Blütenstände mit den orangegelben Pomponblüten sind kürzer. Eine hübsche Pflanze, gerade für kleine Gefäße, die oft im Sommer noch eine zweite Blüte hervorbringt.

Bachnelkenwurz *(Geum rivale)*. Für die Liebhaber einheimischer Pflanzen bietet sich für ein Sumpfbeet die Bachnelkenwurz an. Dieser Frühjahrsblüher wird etwa 30 cm hoch, seine hellgelben Blüten mit rötlichem Kelch nicken im Wind. Die Bachnelkenwurz ist wintergrün und eignet sich auch als Bodendecker. Farbenprächtiger ist die aus Kleinasien stammende Art *Geum coccineum* mit leuchtendroten Schalenblüten.

Iris-Arten. Zu den typischen Sumpf- und Wasserpflanzen kann man wohl die Iris zählen. Die verschiedenen Arten stellen unterschiedliche Ansprüche an die Wassertiefe. Ansonsten sind sie sehr dankbar und leicht zu kultivieren, so daß sie eigentlich in keinem Becken fehlen sollten.

Allen voran sei die Wasserlilie *(Iris pseudacorus)* erwähnt. Sie wächst in feuchtem Boden und Wassertiefen bis zu 30 cm. Die gelben Blüten sitzen immer zu mehreren an einem Stengel, die schwertförmigen Blätter sind breiter als die der anderen Arten. Man sollte die Wasserlilie nur in größere Kübel pflanzen, da sie sich recht kräftig entwickelt und zartere Pflänzchen leicht verdrängt.

Weniger ausufernd wächst die Sumpfiris *(Iris sibirica)*, die feuchte Böden bevorzugt. Sie hat schmale, zierliche Blätter, und das Farbenspiel ihrer Blüten reicht von Weiß bis zu sämtlichen Blauschattierungen.

Ebenfalls sehr hübsch und auch für Miniteiche sinnvoll ist die Amerikanische Sumpfiris *(Iris versicolor)*. Ihre Blüten sind violett mit dunkler Schlundzeichnung. In 5 bis 10 cm Wassertiefe fühlt sie sich am wohlsten.

Eine wirkliche Besonderheit ist die Japanische Sumpfschwertlilie *(Iris kaempferi)* mit ihren riesengroßen, prachtvollen Blüten, die es in zahlreichen Sorten gibt. Allerdings ist sie in der Haltung etwas heikler als die übrigen *Iris*-Arten. So darf man die

Japanische Sumpfiris nicht ins Wasser setzen, sondern nur an einen feuchten Platz im Sumpf. Im Winter mag sie es sogar fast trocken. Außerdem ist sie kalkfeindlich und braucht unbedingt einen sauren und humosen Boden. Am besten pflanzen Sie diese Art in einen eigenen Kübel. Auf diese Weise kann man ihren Ansprüchen am ehesten gerecht werden, und ihre Schönheit kommt so wohl am besten zur Geltung.

Binsen *(Juncus*-Arten). Zum typischen Erscheinungsbild eines Feuchtgebietes gehören die Binsen. Sie wachsen auf feuchten bis nassen, lehmigen Böden, ihre Halme sind meist glatt und rund. Zu den klei-

Die Japanische Sumpfschwertlilie erfreut den Betrachter durch ihr herrliches Farbenspiel.

neren und dadurch auch für Kleinstteiche geeigneten Binsen zählen die Knollenbinse *(Juncus compressus)*, die Flatterbinse *(J. effusus)* und die nur etwa 20 cm hochwachsende Zwergbinse *(J. ensifolius)* mit ihren flachen Halmen und den hübschen schwarzbraunen Blütenköpfchen. Die Zwergbinse gedeiht auch gut in Schalen.

Münz- oder Pfennigkraut *(Lysimachia nummularia)*. Diese Pflanze besitzt eine Eigenschaft, die den meisten Teichbesitzern sehr entgegenkommt: Sie wächst sowohl im trockenen als auch im feuchten Boden und im flachen Wasser. Dadurch kann man mit dem Münzkraut unschöne Folien- und Beckenränder auf natürliche Weise verdecken. Pflanzen Sie zum Beispiel etwas Münzkraut in den normalen Garten-

boden neben eine in die Erde eingegrabene Mörtelwanne, so wachsen seine langen Triebe rasch über den wulstigen Rand ins Wasser hinein und stellen auf diese Weise eine Verbindung zwischen Wasser und Umgebung her. Zusätzlich erfreuen die kleinen gelben Blüten den Betrachter fast den ganzen Sommer lang.

Blutweiderich *(Lythrum salicaria)*. Der Blutweiderich ist eine ausgesprochen attraktive, anspruchslose Pflanze, die sich hervorragend für Schalen und Bottiche, ja sogar für ein Sumpfbeet im Blumenkasten eignet. Selbst in engen Gefäßen wird sie noch bis zu 1 m hoch, und ihre lilaroten Blütenkerzen leuchten fast den ganzen Sommer über. Der Blutweiderich ist eine einheimische Wildpflanze und liebt feuch-

Die Prachtlibelle sonnt sich auf der Blütenkerze eines Blutweiderichs.

Die Rosenprimel mit ihrem leuchtenden Rosarot zählt zu den allerersten Frühlingsboten.

te Erde bis flachen Wasserstand. Er hat eine gute Fernwirkung und blüht auch im Schatten.

Gelbe Gauklerblume *(Mimulus luteus)*. Die Gauklerblume ist eine anspruchslose und reichblühende Sumpfpflanze. Ihre trompetenförmigen gelben Blüten strahlen fast den ganzen Sommer über. Sie wird etwa 20 bis 30 cm hoch und vermehrt sich gut durch Selbstaussaat. Vorsicht ist geboten bei anderen zum Teil farbenprächtigeren Arten wie *Mimulus cupreus* oder *Mimulus tigrinus*. Sie benötigen eher trokkenen Boden und sind nicht winterhart.

Blaue Gauklerblume *(Mimulus ringens)*. Viel zu selten sieht man bei uns die Blaue Gauklerblume, die sich trotz einer Wuchshöhe von etwa 60 bis 80 cm durchaus auch in einem kleineren Sumpfbekken (Mörtelwanne oder ähnliches) kultivieren läßt. Ihr Ausbreitungsdrang hält sich in Grenzen, und ihre attraktiven violettblauen Lippenblüten erscheinen auch im Halbschatten.

Sumpfvergißmeinnicht *(Myosotis palustris)*. Eine hübsche Pflanze, die uns mit himmelblauen Blüten erfreut, ist das Sumpfvergißmeinnicht. Es liebt feuchte Erde bis flaches Wasser (10 cm) und ähnelt dem Gartenvergißmeinnicht, ist aber im Gegensatz zu diesem mehrjährig. *Myosotis palustris* blüht von Mai bis August

und eignet sich für Schalen und kleinere Kübel.

Primeln *(Primula*-Arten). Einige sehr schöne Blütenpflanzen, die nur feuchten Boden mögen (keinen Wasserstand!), finden sich unter den Primeln. Ob die sehr früh blühende Rosenprimel *(Primula rosea)* mit ihrem weithin leuchtenden Pink oder die mit gelben Glöckchen blühende, robuste Chinesische Glockenprimel *(Primula florindae)*, Primeln bringen Farbe an das Gewässer. Durch ihren zierlichen Wuchs eignen sie sich besonders für kleine Sumpfbeete. Zu empfehlen sind auch die Etagenprimeln *(Primula bulleyana, P.-Bullesiana-Hybriden und P. japonica)*.

Wasserpflanzen der Flachwasserzone (5 bis 10 cm Wassertiefe)

Sumpfcalla *(Calla palustris)*. Zu den einheimischen Wasserpflanzen gehört die Sumpfcalla, wegen ihres kriechenden Rhizoms auch Schlangenwurz genannt. Sie gedeiht am besten in 10 cm Wassertiefe und verträgt auch Halbschatten. Die Blütenscheide der Sumpfcalla ist weiß, im Herbst bildet sich ein roter Beerenkolben, dessen Beeren giftig sind.

Seggen (*Carex*-Arten). An den Ufern von Bächen und Seen findet man häufig Vertreter der Gattung *Carex*, einer sehr großen Gruppe von Gräsern. Ihre Halme sind unterschiedlich breit, meist dreikantig und scharf, oft überhängend. Die recht anspruchslosen Pflanzen gedeihen nahezu überall, ihre horstartige Wuchsform harmoniert gut mit Iris und Hechtkraut, aber auch mit Sumpfdotterblumen und Froschlöffel. Für flachen Wasserstand eignen sich zum Beispiel die Zierliche Segge *(Carex acuta)*, die Falsche Zypergrassegge *(C. pseudocyperus)* und die Ufersegge *(C. riparia)*. Lediglich feuchten Boden dagegen bevorzugen die Sumpfsegge *(Carex acutiformis)*, die Gelbe Segge *(C. flava)*, die Morgensternsegge *(C. grayi)* und die Palmwedelsegge *(C. muskingumensis)*.

Zwergbinse *(Eleocharis palustris)*. Wie der Name schon sagt: eine kleine Binsenart. Ihre dünnen Halme werden ungefähr 30 cm hoch. An ihrem Ende entstehen kleine braune Blütenköpfchen. Sie neigt zum Wuchern und sollte nur in große Kübel, zusammen mit kräftigen Pflanzen wie

Hechtkraut oder Iris, gesetzt werden. Zarte Pflänzchen verdrängt sie leicht.

Eidechsenschwanz *(Houttuynia cordata)*. In unseren Breiten ohne Schutz leider selten winterhart ist der Eidechsenschwanz, der in Asien beheimatet ist. Mit ihren auffälligen, von vier weißen Hochblättern umgebenen, walzenförmigen Blütenähren ist diese Flachwasserpflanze eine Besonderheit im Wassergarten. Auffallend ist der metallische Geruch, der von den hübschen, herzförmigen Blättern ausgeht. In geschützter Lage gedeiht der Eidechsenschwanz auch im Halbschatten.

Kleefarn *(Marsilea quadrifolia)*. Nicht ganz unproblematisch in der Kultur ist der bei uns fast ausgestorbene Kleefarn. Doch warum sollten Sie nicht den Versuch wagen, diesen zartgliedrigen, kriechenden Sumpffarn mit seinen kleeblattförmigen Blättern in Ihrem Becken anzusiedeln? Bei freistehenden Kübeln muß in jedem Fall ein Winterschutz angebracht werden.

Wasserminze *(Mentha aquatica)*. Eine sehr dankbare und robuste Pflanze für den Flachwasserbereich ist die Wasserminze. Ihre Blattfarben reichen von Hellgrün über Kräftiggrün bis zu einem tiefen dunkelroten Ton, die Blüten sind lilablau. Im Erscheinungsbild ähnelt die Wasserminze der Landform, sie verströmt auch den typischen Geruch und findet ebenso wie *Mentha piperita* Anwendung als Heilpflanze.

Fieberklee *(Menyanthes trifoliata)*. Zu den frühen Blühern im Wassergarten gehört der Fieberklee. Im Mai zeigen sich die dekorativen weißrosa Blütenkerzen dicht über der Wasseroberfläche. Wenn sie verblühen, erscheint das dreiblättrige Laub, die einzelnen Blätter sind größer als beim Klee. Der Fieberklee ist ein kriechendes Gewächs mit seitlichen Ausläufern, das in 5 bis 20 cm Wassertiefe gedeiht. Damit er optimal wachsen kann, muß man den Wurzelstock schräg in die Erde pflanzen. Der Fieberklee benötigt freie Wasserfläche. Am besten setzt man ihn in große Wannen und nur mit wenigen anderen, schwachwüchsigen Arten zusammen. Er wächst in Sonne und Halbschatten, stellt keine besonderen Ansprüche an Boden und Wasser und macht auch bei der Überwinterung keine Probleme.

Pfeilkraut *(Sagittaria sagittifolia)*. Ebenfalls in der Flachwasserzone gedeiht das Pfeilkraut. Die Blätter haben, wie der Name schon sagt, die Form eines Pfeils. Von Juni bis August zeigt das Pfeilkraut seine weißen Blüten. Es überwintert in Form von Knollen, die sich am Ende unterirdischer Ausläufer bilden und im späten Frühjahr austreiben. Sollten Sie Ihren Miniteich im Winter entleeren, müssen Sie auf diese Überwinterungsorgane achten, sie einsammeln und in einem Gefäß mit Erde und Wasser kühl aufbewaren (siehe Überwinterung).

Die Art *Sagittaria latifolia* hat breitere und größere Blätter. Sie dürfte in den meisten Fällen zu groß für einen Bottich sein. Wunderschön und etwas kleinwüchsiger

Die hübschen blaßrosa Blütenkerzen des Fieberklees erheben sich dicht über der Wasseroberfläche.

erheben sich über den sehr schmalen Blättern. *Typha minima* empfiehlt sich besonders für Kübel und Bottiche. In großen Anlagen wird er leicht von anderen Pflanzen überwuchert. Bei der Kultivierung bereitet er manchmal Probleme. So gedeiht er schlecht in stark torfhaltigen Böden. Auch sind die Blätter recht empfindlich und knicken leicht ab. Pflanzen Sie ihn aber an einem windgeschützten Ort in lehmige Erde, werden Sie viel Freude an dieser Pflanze haben.

Bachbunge *(Veronica beccabunga)*. Sie ist ein typischer Vertreter der Uferzone, vor allem von Quellbereichen und Bachläufen, wächst aber auch in stehenden Gewässern bis etwa 10 cm Wassertiefe. Eine unkomplizierte Pflanze, die mit ihren kräftiggrünen, eiförmigen Blättchen und den leuchtendblauen Blüten gut zu Pfeilkraut und Sumpfdotterblume paßt. Da die Bachbunge nur etwa 20 cm hoch wird, eignet sie sich auch als Vordergrund für höher wachsende Pflanzen wie Iris, Blutweiderich oder Zypergras.

Wasserpflanzen für 10 bis 30 cm Wassertiefe

Kalmus *(Acorus calamus)*. In einem Wasserstand bis etwa 20 cm Tiefe wächst der Kalmus, eine Heilpflanze, aus dem Orient. Die schwertförmigen Blätter verströmen einen angenehmen Duft. Die gelblichen Blütenkolben sind eher unscheinbar. Da die Blattform stark an die Wasserlilie erinnert, erscheint uns *Acorus calamus* 'Variegatus' mit seinen auffallend längsgestreiften gelbgrünen Blättern attraktiver. Der Gestreifte Kalmus verdeutlicht einmal mehr die Vielfalt der Grüntöne in der Pflanzenwelt.

Wasserähre *(Aponogeton distachyos)*. Sie zählt zu den Schwimmblattpflanzen und braucht einen Wasserstand von 20 bis 40 cm. Ihre Knollen sollten im Winter nicht einfrieren. Während die elliptischen Blätter auf dem Wasser schwimmen, steht die zweiährige weiße, nach Vanille duftende Blüte wenige Zentimeter über der Ober-

ist die gefüllte Sorte *S. latifolia* 'Plena' mit ihren pomponförmigen Blütenbällen. Da sie recht selten im Angebot ist, dürfte es nicht ganz einfach sein, diese Pflanze zu erwerben. Bei Gelegenheit sollten Sie sich diese Besonderheit nicht entgehen lassen.

Bittersüßer Nachtschatten *(Solanum dulcamara)*. Der Bittersüße Nachtschatten ist ein Halbstrauch mit teilweise schlingenden Trieben und hübschen violetten Blütendolden. Als Kletterhilfe kann man Rohrkolben, Wasseriris oder Kanadischen Reis dazu pflanzen. Er wächst im Flachwasserbereich (etwa 10 cm Wasserstand) und sollte nur in große Tröge gesetzt werden. Vorsicht bei kleinen Kindern: Die im Herbst erscheinenden roten Früchte sind giftig!

Kleiner Rohrkolben *(Typha minima)*. Ebenfalls im flachen Wasser wächst der Kleine Rohrkolben, ein zierlicher Vertreter der Rohrkolben. Er wird etwa 50 bis 80 cm hoch. Die kugeligen Fruchtstände

fläche. Die Wasserähre sät sich selbst aus und blüht in einem frostfreien Wintergarten sogar im Winter. Diese aparte Wasserpflanze eignet sich besonders für kleine Teiche, da sie ihre volle Schönheit erst aus der Nähe betrachtet entfaltet.

Blumenbinse *(Butomus umbellatus)*. Die weiße bis hellrosafarbene, sehr attraktive Blütendolde der Schwanenblume oder Blumenbinse überragt meist die dreikantigen, schmalen Blätter. *Butomus umbellatus* wächst in einer Wassertiefe von 10 bis 30 cm und sollte frei ausgepflanzt werden, da sich das kriechende Rhizom in einem Korb nicht wohl fühlt. Setzen Sie die Blumenbinse also auch nicht in eine Schale,

sie benötigt schon etwas mehr Platz. Sollte sie dennoch kümmern, so geben Sie ein wenig Dünger in die Erde des Wurzelbereiches (siehe Düngung). Sie braucht eine gute Nährstoffversorgung.

Zypergras *(Cyperus longus)*. Für Gräserliebhaber ein unbedingtes Muß ist das Zypergras, dessen Wuchsform der bekannten Zimmerpflanze *Cyperus alternifolius* zwar ähnelt, im Gegensatz zu dieser aber winterhart ist. Die attraktiven Wedel mit den schmalen, überhängenden Gräserblättern können bis 1 m hoch werden. Die braunen Blütenköpfe bilden einen interessanten Kontrast zum kräftigen Grün der Pflanze. *Cyperus longus* sieht als Solitär

Der zierliche Zwergrohrkolben bevorzugt lehmige Erde und einen windgeschützten Standort.

35

Das Hechtkraut mit seinen kräftigblauen Blütenkerzen zählt zu den attraktivsten Wasserpflanzen.

der genannt, ist es ebenfalls in dieser Wasserzone beheimatet. Es stammt aus wärmeren Gebieten wie Südamerika und Asien und ist daher bei uns nicht winterhart. Im Herbst vor den ersten Frösten muß man also ein paar Ableger herausnehmen und im Haus überwintern (siehe Überwinterung). Die reichverzweigten Triebe des Tausendblattes haben hellgrüne, zart gefiederte Blätter, die über der Wasseroberfläche etwas derber und wasserabweisend werden. Sie sind eine hübsche Ergänzung zu kräftigen und höher wachsenden Wasserpflanzen wie Binsen, Pfeilkraut und Blutweiderich.

Zwergmummel *(Nuphar pumila).* Sehr hübsch für einen Miniaturteich ist auch die Zwergmummel oder Kleine Teichrose mit ihren dottergelben, fast sternförmigen Blüten. Sie ähnelt sehr der Gelben Teichrose *(Nuphar lutea),* die für kleine Becken viel zu groß und starkwüchsig ist. *Nuphar pumila* wächst auch halbschattig. Sie bildet häufig erst ein bis zwei Jahre lang hellgrüne, salatähnliche Unterwasserblätter, bevor die oval-herzförmigen Schwimmblätter erscheinen.

Hechtkraut *(Pontederia cordata).* Eine sehr schöne und auffällige Pflanze für den Miniatur-Wassergarten ist das aus Nordamerika stammende Hechtkraut. Es gedeiht am besten in 30 cm Wassertiefe. Seine länglich-herzförmigen Blätter werden etwa 60 cm hoch. Von Juni bis August erscheinen kräftigblaue, kerzenähnliche Blüten, die einen hübschen Farbkontrast zu den anderen, meist weiß oder gelb blühenden Wasserpflanzen bilden. Die einzelne Pflanze wird recht kräftig und ihre Wurzeln benötigen Platz. Daher reicht es völlig aus, wenn Sie ein oder höchstens zwei Exemplare in einen Kübel setzen.

Molchschwanz *(Saururus cernuus).* Zu den Raritäten im Miniteich zählt der Molchschwanz mit seinen bis zu 20 cm langen, überhängenden weißen Blütentrauben. Auch außerhalb der Blütezeit sind die herzförmigen Blätter ein attraktiver Blickfang und eine hübsche Ergänzung zu den schmalen Halmen von Seggen oder Zwergrohrkolben. Der Molch-

besonders gut aus. Er überwintert am besten bei einer Wasserhöhe von etwa 30 cm.

Wasserfeder *(Hottonia palustris).* Die einheimische Wasserfeder stellt durch die zierliche Wuchsform ihrer gefiederten Blätter und die zarten weißrosa Blüten eine Bereicherung für jedes Becken dar. Sie gedeiht auch im Halbschatten gut. Die Wasserfeder bevorzugt kühles, etwa 10 bis 20 cm tiefes, nährstoffreiches Wasser. Kalk verträgt sie nicht.

Brasilianisches Tausendblatt *(Myriophyllum brasiliense).* Auch Papageienfe-

schwanz wird in einem Gefäß etwa 50 bis 60 cm hoch und sollte in 10 bis 20 cm Wassertiefe gepflanzt werden. Im Kübel ist er nicht ganz winterfest, so daß es in rauhen Gegenden sinnvoll ist, ihn abzudecken oder im Haus zu überwintern.

Rohrkolben *(Typha*-Arten). Die großen Rohrkolben-Arten wie *Typha latifolia, T. angustifolia* und *T. shuttleworthii* sollten Sie für einen Miniteich höchstens als Solitär in Erwägung ziehen. Das Becken muß dafür so groß wie möglich sein, mindestens eine Mörtelwanne, und es dürfen nur drei oder vier Rohrkolbenpflanzen eingesetzt werden. Ein solcher nur mit Rohrkolben bepflanzter Bottich macht sich gut als Hintergrund für mit Seerosen und anderen Wasserpflanzen besetzte Schalen und Kübel.

Ebenfalls zur Gattung der Rohrkolben gehört *Typha laxmannii*, eine mittelgroße Art mit schmalem Laub und kurzen, eiförmigen Kolben. Er wird etwa 1,50 m hoch. Die Wassertiefe kann bis zu 40 cm betragen, im flachen Wasser bleibt die Pflanze kleiner. Die verschiedenen Typha-Arten vermehren sich durch Ausläufer, die Mutterpflanze stirbt ab. Dadurch bleibt der Rohrkolben nicht an der Stelle, an die er gepflanzt wurde, sondern wandert durch das Becken. Aus diesem Grund ist er für eine Korbbepflanzung nur bedingt geeignet. Durch Abtrennen einiger Ausläufer kann man ihn recht gut eingrenzen.

Kanadischer Reis *(Zizania latifolia)*. Dieses stattliche, bis 2 m hochwachsende Gras mit leicht überhängenden, schwertförmigen Blättern ist für einen Miniteich eigentlich viel zu groß. Vorausgesetzt, Sie haben etwas Platz auf Ihrer Terrasse, brauchen Sie dennoch nicht auf diese imposante Pflanze zu verzichten. Allein in eine große Wanne gepflanzt, ergibt sie einen dekorativen Hintergrund für kleinere Schalen und Kübel, in denen zum Beispiel Seerosen, Hechtkraut oder Fieberklee blühen (siehe Gestaltungsmöglichkeiten). Der Kanadische Reis verträgt bis zu 50 cm Wasserstand und erfreut den Betrachter mit seiner rotgoldenen Herbstfärbung bis in den Winter hinein.

Seerosen

Der Traum der meisten Wasserpflanzenfreunde ist und bleibt die Seerose mit ihren wunderschönen, leuchtenden Blüten und einem Farbenspiel, das in seiner Vielfalt alle anderen Wasserpflanzen übertrifft. Dieser Traum läßt sich unter Berücksichtigung einiger Grundregeln durchaus in einem kleinen Becken verwirklichen. Man hat sogar den Vorteil, daß man die prächtigen Blüten ganz aus der Nähe betrachten kann.

Da aus naheliegenden Gründen nur kleinwüchsige Sorten verwendet werden können, müssen Sie sich allerdings damit abfinden, daß auch die Blüten kleiner ausfallen als bei starkwüchsigen Arten und Sorten wie *Nymphaea* 'Escarboucle' oder *Nymphaea alba*. Achten Sie bitte darauf, daß Ihnen wirklich keine stark wachsende Seerose verkauft wird: Ein mehr als faustgroßes Rhizom, 50 bis 60 cm lange Blattstiele und große Blätter deuten darauf

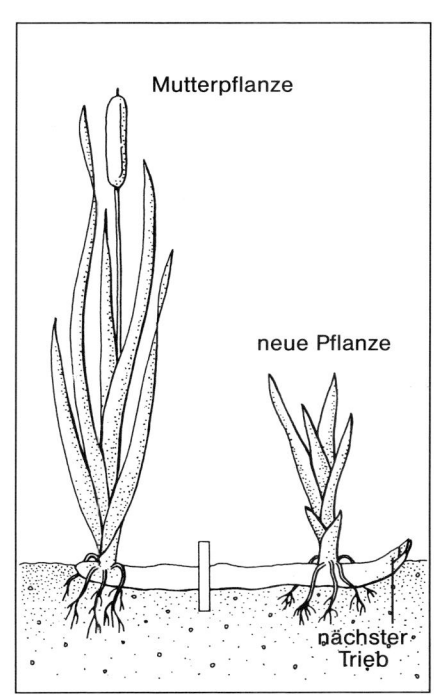

Mutterpflanze

neue Pflanze

nächster Trieb

Abtrennen eines Rohrkolbens von der Mutterpflanze

richtig   falsch

Sorten Sie in Ihrem Fachgeschäft erhalten können.

Eine wertvolle, aus Amerika stammende Sorte ist 'James Brydon', eine Seerose mit tassenförmigen, gefüllten, karminroten Blüten und dunkelgrünen, oft braungefleckten, fast runden Blättern. Sie ist sehr blühfreudig und verträgt sogar Halbschat-

hin. Obwohl Seerosen in der Lage sind, sich der vorhandenen Wassertiefe etwas anzupassen, so daß die neuen Blätter nicht so langstielig werden, hat es wirklich keinen Sinn, eine solche Sorte in einen Miniteich zu pflanzen.

Nach Möglichkeit sollten Sie die gleiche Seerosenpflanze über mehrere Jahre in Ihrem Kübel haben, da eine Seerose im ersten Jahr des Verpflanzens meist nicht oder nur sehr bescheiden blüht. Das bedeutet aber, daß die Pflanze im Herbst ihre Ruheperiode beginnen kann und so überwintert wird, daß der Wurzelstock nicht einfriert (siehe Überwinterung). Die einzelne Blüte öffnet sich zwei bis vier Tage lang, bevor sie wieder untergeht, und es ist völlig normal, daß ab und zu ein Blatt abstirbt.

Im folgenden werden einige kleinwüchsige Sorten beschrieben. Sie alle, außer *Nymphaea tetragona*, gedeihen in einem Wasserstand von 20 bis maximal 50 cm über den Wurzeln. Es handelt sich um eine Auswahl. Letztendlich wird die Entscheidung davon abhängen, welche

Die Sorte 'James Brydon' zählt zu den wertvollsten Seerosen, sie gedeiht auch sehr gut in kleinen Becken.

Nymphaea tetragona: Die kleinste aller Seerosen wächst und blüht sogar in einer Schale.

ten. Man sollte diese Sorte nicht wesentlich flacher als 25 bis 30 cm setzen, da sonst die Gefahr besteht, daß die Blätter über die Wasseroberfläche hinauswachsen und die prachtvollen Blüten dann fast unsichtbar unter dem Laub stehen.

'Froebelii' ist ebenfalls eine sehr beliebte, reichblühende Sorte. Selbst bei mäßigem Wetter bleiben ihre kräftigroten, kelchförmigen Blüten bis zum frühen Abend geöffnet. Sie schwimmen nicht auf der Wasseroberfläche, sondern erheben sich ein wenig darüber.

Bei 'Laydekeri Purpurata' handelt es sich um eine echte Zwergseerose. Die karmesinroten, spitzen Blütenblätter sind mit weißen Flecken bedeckt. Sie bietet sich auch deshalb für Miniteiche an, weil sie verhältnismäßig wenig Blätter bildet, die noch dazu relativ klein ausfallen und daher das Becken nicht so schnell zuwuchern können. Die Blattoberseite ist braun gezeichnet, die Unterseite rot.

Die Sorte *Nymphaea pygmaea* 'Rubra' ist so schwachwüchsig, daß sie sich sogar für die Bepflanzung einer Schale eignet.

Rote Seerosen gibt es in den verschiedensten Farbschattierungen.

Die Blüten sind nur 5 bis 6 cm groß und pink bis rosafarben, ihre Blätter einfarbig grün. Ihr Ausbreitungsdrang ist gering.

Wie die anderen Laydekeri-Hybriden neigt auch die eher rosa blühende 'Laydekeri Lilacea' dazu, mehr Blüten als Blätter hervorzubringen. Kurz vor dem Verblühen geht das Rosa in einen dunkleren Farbton über, ein wunderschöner Kontrast zu den zartgelben Staubgefäßen.

Weitere kleine, rot bis rosa blühende Sorten sind 'Madame Laydeker', 'Maurice Laydeker', 'William Falkoner', 'Helen Fowler' und 'Rose Arey'.

Die kleinste Zwergseerose ist *Nymphaea tetragona*, deren weiße Blütchen mit gelben Staubgefäßen nur einen Durchmesser von 2 bis 3 cm erreichen. Sie wächst in flachen Schalen mit einem Wasserstand von 10 bis 20 cm. Natürlich hat *Nymphaea tetragona* nicht die plakative Wirkung größerer Seerosensorten mit ihren auffallend großen Blüten. Aber gerade diese Kleinheit macht ihren Charme aus. In einer Schale auf dem Tisch oder ganz in der Nähe eines Sitzplatzes sieht sie einfach reizend aus.

Etwas größere, aber im Erscheinungsbild sehr ähnliche Blüten und Blätter zeigt *Nymphaea candida*, ebenfalls eine hübsche, weiße Zwergseerose. Die schalenförmigen Blüten stehen ein wenig über die Wasseroberfläche hinaus. Sie bevorzugt kühleres Wasser und verträgt, wie die meisten weißen Sorten, auch etwas Schatten.

Weiße Seerosen, die sich für kleine und flache Blumenwannen eignen, sind 'Lactaea' und *Nymphaea odorata* 'Minor'.

Gelbe Seerosen gibt es im Vergleich zu den anderen Farben recht selten. Meist handelt es sich um starkwüchsige, tropische Sorten. Außerdem sind sie häufig etwas heikel in Kultur und Überwinterung. Da die Zwergseerosen aber in jedem Fall im Haus überwintert werden müssen, sollten Sie es, falls Sie gern eine gelbe Sorte hätten, mit *Nymphaea pygmaea* 'Helvola' versuchen. Es ist eine zierliche, blühfreudige Sorte mit gelben Sternenblüten und gepunkteten, olivgrünen Blättern.

Etwas wirklich Besonderes unter den Seerosen sind die Chamäleons. So nennt man Sorten, die durch ihr besonderes Farbenspiel auffallen. Sie ändern ihren Farbton vom ersten Tag des Aufblühens bis zum Abtauchen nach drei bis vier Tagen mehrfach. Während 'Aurora' ihre Farbe von Gelborange über Rosa nach Dunkelrot verändert, wechselt die reichblühende 'Indiana' von Rosarot nach Orangerot.

Die Sorte 'Sioux' gehört zu den Chamäleons: Die einzelne Blüte verändert ihre Farbe vom Aufblühen bis zum Abtauchen.

Die größere, aber durchaus für Kübel geeignete Sorte 'Sioux' zeigt sich beim Aufblühen in zartem Gelbrosa. Kurz vor dem Verblühen leuchten die Blütenblätter in kräftigem Kupferorange. Die dunkelgrünen, mit braunen Tupfen bedeckten Blätter erhöhen noch ihre Attraktivität.

Schwimmpflanzen

Feenmoos *(Azolla caroliniana)* und **Schwimmfarn** *(Salvinia natans)*. Kleiner als die meisten anderen Schwimmpflanzen, aber aus der Nähe nicht weniger hübsch anzusehen, sind das Feenmoos

Kleine Wasserschale mit Schwimmpflanzen: Muschelblume, Schwimmfarn und Feenmoos

41

und der Schwimmfarn. Beide Arten breiten sich stark aus, lassen sich in einem Miniteich aber gut in Schach halten. Sie eignen sich hervorragend zum Schattieren von sehr sonnigen Becken, die sich sonst zu stark aufheizen würden. Außerdem treten diese kleinen Schwimmgewächse als Nahrungskonkurrenten der Algen auf. Beide überdauern nur in milden Wintern im Freiland. Sicherer ist es, ein paar Pflänzchen drinnen über die kalte Jahreszeit zu bringen (siehe Seite 86).

Wasserhyazinthe *(Eichhornia crassipes).* Ebenfalls zu den Schwimmpflanzen gehört die tropische Wasserhyazinthe. Die Stiele der saftiggrünen, rundlichen Blätter sind blasig aufgetrieben und enthalten ein weißes, schwammiges Gewebe. Die blauschwarzen Wurzeln hängen frei im Wasser und sind fein verzweigt. An geschützten, sonnigen Stellen kann die Wasserhyazinthe auch zum Blühen kommen. Ihre wunderschönen großen Blüten sind hellblau bis blaßviolett. Da die Pflanze ihre Nährstoffe vorwiegend aus dem Wasser entnimmt, trägt sie zur Reinhaltung des Teiches bei. Sie bleibt nicht an einem Ort, sondern wird schon von einem leichten Wind hin- und hergetrieben. Die Wasserhyazinthe darf erst nach den Eisheiligen ins Freie gebracht werden, da sie sehr frostempfindlich ist. Man wird sie wohl vorwiegend als Einjahrespflanze verwenden, da die Überwinterung nicht ganz einfach ist (siehe Seite 85f.).

Froschbiß *(Hydrocharis morsus-ranae).* Auch der Froschbiß ernährt sich von im Wasser gelösten Nährstoffen und tritt somit als Nahrungskonkurrent der Algen auf. Die Blattrosetten mit den fast runden Blättchen schaukeln bei Wind leicht auf dem Wasser. In flachen Gewässern erreichen die langen, dünnen Wurzeln häufig den Boden und verankern sich dort. Der Froschbiß vermehrt sich recht stark durch Ausläufer, kann aber durch Absammeln gut unter Kontrolle gehalten werden. Im Herbst entstehen kleine, längliche Winterknospen, die im Schlamm überwintern und im nächsten Frühjahr wieder austreiben. Wenn Sie Ihren Kübel im Winter aus-

leeren, sollten Sie versuchen, wenigstens ein paar dieser Überwinterungsorgane zu finden und in kaltem Wasser aufzuheben.

Muschelblume *(Pistia stratiotes).* Wie bei der Wasserhyazinthe handelt es sich auch bei der Muschelblume um eine tropische Schwimmpflanze. Ihre graugrünen Blattrosetten fühlen sich samtig an, sie werden von einem üppigen schwarzen Wurzelbart im Gleichgewicht gehalten. Die Muschelblume vermehrt sich zahlreich, vorwiegend durch Ausläufer. In einem kleinen Becken muß man sie also öfter auslichten. Da die Muschelblume nicht winterhart ist, sollten Sie auch diese Schwimmpflanze erst nach den Eisheiligen ins Freie bringen. Außerdem muß man sie unbedingt vor den ersten Frösten hereinholen und im Haus überwintern, was sich recht einfach bewerkstelligen läßt (siehe Seite 85f.).

Wassernuß *(Trapa natans).* Diese einjährige Schwimmblattpflanze war früher in Europa weit verbreitet, ist heute aber fast ausgestorben. Ihre ledrigen Blattrosetten schwimmen auf der Wasseroberfläche und hängen an einer langen, dünnen Sproßachse mit Fiederwurzeln. Die Wassernuß liebt warmes Wasser und fühlt sich daher auch in kleineren Gefäßen wohl. Aus den kleinen, weißen Blüten bilden sich stachelige Nüsse, deren Same eßbar ist. Die Nüsse sinken in den Schlamm, aus ihnen treiben im nächsten Jahr neue Pflanzen. Dieser Mechanismus funktioniert in unseren Breiten leider nur noch selten. Im Herbst färben sich die Rosetten der Wassernuß dunkelrot.

Wasserschlauch *(Utricularia vulgaris).* Eine besonders interessante und nützliche Schwimmpflanze ist der insektenfressende Wasserschlauch, der sich von Mückenlarven und anderem Kleingetier ernährt. Es lohnt sich, dieses filigrane Gebilde einmal näher zu betrachten: Zwischen den stark verästelten, schmalen Blättchen finden sich kleine, runde Fangbläschen. Durch Unterdruck ist die Pflanze in der Lage, ihre Opfer auszusaugen. Sind diese Bläschen hellgrün, so ist der Wasserschlauch auf Nahrungssuche, sind sie dun-

kel gefärbt, ist er vorerst gesättigt. Da er warmes Wasser liebt, gedeiht er gut in kleinen Wassergärten und trägt erheblich dazu bei, daß die Mücken nicht zur Plage werden. Die Blüten von *Utricularia vulgaris* sehen aus wie kleine gelbe Löwenmäulchen. Die Pflanze überdauert durch Winterknospen im Schlamm und taucht oft erst im Frühsommer wieder auf.

Unterwasserpflanzen

Unterwasserpflanzen sind für das biologische Gleichgewicht eines Teiches von großer Bedeutung: zum einen für die Umsetzung von Nähr- und Schadstoffen, zum anderen als Lebensraum für eine Unzahl von Larven und einzelligen Tierchen, die einen wichtigen Bestandteil der Nahrungskette in einem Teich darstellen. Sie produzieren den für Flora und Fauna lebensnotwendigen Sauerstoff und sind für die biogene Entkalkung des Wassers verantwortlich. Unterwasserpflanzen sind aber auch wichtig, um die in jedem Tümpel auftretenden Schwebalgen in Schach zu halten und zu vermeiden, daß das Wasser sich in eine trübe Brühe verwandelt. Sie entziehen dem Wasser Nährstoffe und treten dadurch als Nahrungs- und Lichtkonkurrenten gegenüber Algen auf. Die meisten Unterwasserpflanzen werden zwar in die Erde gepflanzt, doch dienen die Wurzeln hauptsächlich der Verankerung, die Nährstoffaufnahme erfolgt vorwiegend über die Blätter. Außerdem bilden diese Pflanzen unter Wasser einen dichten, grünen Teppich, der sowohl Amphibien Schutz bietet als auch eine zu starke Erwärmung des Gewässers verhindert.

Wenn auch die Bedingungen in einem Miniwassergarten nur zu einem geringen Teil mit denen in einem großen Teich zu vergleichen sind, so ist es doch erst recht notwendig, daß auch in einem kleinen Becken immer einige Unterwasserpflanzen wachsen. Umgekehrt werden Sie des öfteren auslichten müssen, da alle Unterwasserpflanzen mehr oder weniger stark wuchern.

Die meisten Arten sind recht unscheinbar und lange nicht so attraktiv wie Sumpf- und Wasserpflanzen. Ihre Blüten sind in der Regel sehr klein, haben aber, wenn man sie mit der Lupe betrachtet, interessante, bizarre Formen.

Gewöhnlich werden Unterwasserpflanzen als unbewurzelte Stecklinge verkauft. Um ein sicheres Anwachsen zu erreichen, sollten Sie darauf achten, daß es sich um frisch geschnittene Stecklinge handelt. Auch dürfen sie nie länger als ein bis zwei Tage in einer Plastiktüte (kühl!) aufbewahrt werden. Sonst ist die Gefahr groß, daß die Vegetationspunkte durch Bakterien zerstört werden. Das gleiche geschieht, wenn die Pflänzchen mehrere Tage in den kleinen Plastikdosen bleiben, in denen sie zum Teil verkauft werden. Stehen diese Döschen auch nur kurze Zeit in der Sonne, heizen sie sich so stark auf, daß das gesamte Blattgrün zerstört wird und die Pflanzen ein durchsichtig-wächsernes Aussehen bekommen. Solche Stecklinge treiben normalerweise nicht mehr aus. Da Unterwasserpflanzen aufgrund ihrer dünnen Kutikula nur einen geringen Verdunstungsschutz haben und schnell vertrocknen, sollten Sie sie also möglichst rasch in Ihr Becken setzen und nicht irgendwo herumliegen lassen.

Einmal eingepflanzt sind sie recht anspruchslos und vermehren sich kräftig. Damit sie nicht sofort die ganze Wasseroberfläche eines Teiches zuwuchern, werden sie in tiefere Bereiche gepflanzt (von etwa 50 bis 100 cm Wassertiefe). Dies ist natürlich bei einem Kübel nicht möglich, so daß man immer wieder einen Teil der Pflänzchen herausnehmen muß. Außerdem können Sie die Triebe auch unter der Wasseroberfläche einkürzen. Verzichten sollten Sie keinesfalls auf Unterwasserpflanzen.

Im übrigen ist es sinnvoll, nur eine oder maximal zwei Arten in ein kleines Becken zu pflanzen. Sonst wächst alles wie Kraut und Rüben durcheinander, und Sumpf- und Wasserpflanzen werden verdrängt.

Da das Wasservolumen von Gefäßen relativ gering ist, heizen sie sich, besonders wenn sie der vollen Sonne ausgesetzt sind,

Der Wasserstern
trägt mit seinen
schwimmenden
Blattrosetten zur
Reinhaltung des
Wassers bei.

stark auf. Man darf also nur Arten einsetzen, die solch hohe Temperaturen aushalten. Viele einheimische Unterwasserpflanzen sind aber kaltwasserliebende Arten und somit nur mäßig geeignet.

Wasserstern *(Callitriche palustris).* Er verträgt eine Wassertiefe von nur 10 cm, 30 bis 40 cm wären optimal. Die auf der Wasseroberfläche schwimmenden, sternförmigen, zierlichen Blattrosetten sind hellgrün und schön anzusehen. Sie bedekken jedoch rasch das Wasser und lassen wenig Platz für andere Schwimm- und Schwimmblattpflanzen.

Hornkraut *(Ceratophyllum demersum).* Im Gegensatz zu den anderen hier genannten Arten, die alle in die Erde gepflanzt werden müssen, handelt es sich beim Hornkraut um eine Unterwasserschwimmpflanze, die man nur ins Wasser zu werfen braucht. Manchmal verankern sich ihre reich verzweigten, wurzellosen Triebe selbst im Boden. Da es sich leicht entfernen läßt, eignet sich das Hornkraut auch für kleine Wassergärten, besonders wenn darin Fische schwimmen, da diese die harten und spröden Blättchen im allgemeinen nicht mögen. Das Hornkraut überwintert am Grund in Form von kurzen, dichten Sproßteilen.

Nadelsimse *(Eleocharis acicularis).* Besonders gut geeignet für kleine Teiche, ja sogar für flache Schalen, ist die Nadelsimse, die unter Wasser wie ein Rasen den Boden überzieht. Die einzelnen, hauchdünnen Halme werden selten länger als 10 bis 15 cm. Obwohl es sich um eine untergetaucht lebende Art handelt, schadet es ihnen nicht, wenn sie ein Stück über die Wasseroberfläche hinausragen. Wirkungsvoll gegen Algen ist die Nadelsimse jedoch nur, wenn sie unter Wasser wächst.

Wasserpest *(Elodea canadensis).* Ursprünglich aus Nordamerika stammend, inzwischen in Europa aber weit verbreitet, ist die bekannte und berüchtigte Wasserpest. Sie bildet lange, verzweigte Stengel mit dichten Blattquirlen und produziert auch im Winter reichlich Sauerstoff. Sicher, die Wasserpest vermehrt sich sehr stark, aber sie zeigt auch die beste Wirkung und verkraftet die zum Teil extremen Bedingungen in einem Kleinstwassergarten recht gut. Außerdem kann man durch Abschneiden und Auslichten ihr üppiges Wachstum eindämmen. In Schalen und ganz flachen Becken sollten Sie jedoch lieber auf sie verzichten.

Unterwasserhahnenfuß *(Ranunculus aquatilis).* Eine hübsche Pflanze, die einem

zuerst aufgrund ihrer langen Triebe nicht geeignet erscheint, ist der Unterwasserhahnenfuß. Er kommt vorwiegend in stehenden Gewässern vor, im Gegensatz zu *Ranunculus fluitans*. Die Wasserblätter sind reich geteilt und sehr feingliedrig. Bei niedrigen Wasserständen bleiben die Triebe kürzer, die Wuchsform ist kompakter. Im Frühsommer erheben sich zarte weiße Blütchen über die Wasseroberfläche.

Moorbeetpflanzen

Eine interessante Variante für Balkon oder Terrasse ist ein Minimoorbeet (siehe Seite 61). Da sich hier das Leben im sauren Milieu abspielt, müssen Sie unbedingt das richtige Substrat verwenden. Geeignet sind zum Beispiel Niedermoortorf oder Rindenmulch gemischt mit Rindenmulchkompost. Da so ein Moorbeet immer

Linke Seite: Zu den Besonderheiten im Moorbeet gehört der »fleischfressende« Sonnentau (*Drosera rotundifolia*).

Das zarte Sumpfveilchen (*Viola palustris*) benötigt sauren Boden und gedeiht am besten im Halbschatten.

47

feucht gehalten werden soll, spielt auch der pH-Wert des Wassers eine Rolle. Besser als das meist kalkhaltige Leitungswasser eignet sich Regenwasser. Steht der Kübel frei auf einer Terrasse oder im Garten, werden Sie sich darum kaum kümmern müssen. Befindet sich das Becken jedoch auf einem überdachten Balkon, sollten Sie versuchen, zum Auffüllen des Moorbeetes Regenwasser zu sammeln. Außerdem empfiehlt es sich, ein solches Moorbeet, im Gegensatz zum Miniteich, hin und wieder zu düngen. Es bietet sich zum Beispiel Rhododendrondünger an.

Etwas schwieriger wird in manchen Fällen die Beschaffung entsprechender Pflanzen sein. Mit ein bißchen Geduld und Mühe werden Sie aber sicher in dieser oder jener Gärtnerei interessante Raritäten entdecken. Schauen Sie sich auch im Samensortiment um und versuchen Sie Ihr Glück, Pflanzen selbst zu ziehen. Lassen Sie sich aber nie dazu verleiten, welche aus der Natur zu entnehmen. Die meisten stehen unter Naturschutz.

Moorbeetpflanzen

Rosmarinheide *(Andromeda polifolia)*
Bergwohlverleih *(Arnica montana)*
Rippenfarn *(Blechnum spicant)*
Heidekraut *(Calluna vulgaris)*
Geflecktes Knabenkraut *(Dactylorhiza maculata)*
Venusfliegenfalle *(Dionaea muscipula)*
Sonnentau *(Drosera rotundifolia)*
Glockenheide *(Erica tetralix)*
Wollgras (*Eriophorum*-Arten)
Lungenenzian *(Gentiana pneumonanthe)*
Sumpfbärlapp *(Lepidotis inundata)*
Pillenfarn *(Pilularia globulifera)*
Fettkraut *(Pinguicula vulgaris)*
Waldhyazinthe *(Platanthera bifolia)*
kleinwüchsige Rhododendren und Azaleen (*Rhododendron*-Arten und -Sorten)
Sarracenien (*Sarracenia*-Arten)
Moosfarn *(Selaginella selaginoides)*
Sumpffarn *(Thelypteris palustris)*
Trollblume *(Trollius europaeus)*
Heidel-, Preisel- und Moosbeere (*Vaccinium*-Arten)
Sumpfveilchen *(Viola palustris)*

Ungeeignete Sumpf- und Wasserpflanzen

Letztlich ist es natürlich Ihrem persönlichen Geschmack überlassen, welche Pflanzen Sie in Ihren Miniteich oder Ihr Moorbeet einsetzen wollen. Es sei aber noch einmal darauf hingewiesen, daß es besser ist, sich für kleinbleibende und schwachwüchsige Arten zu entscheiden. Nur so können Sie sich an der Schönheit verschiedener Wasserpflanzen erfreuen und müssen sich nicht darüber ärgern, daß in kürzester Zeit alles durcheinander wächst oder eine Art alle anderen verdrängt.

Folgende Sumpf- und Wasserpflanzen sind meines Erachtens ungeeignet für die Bepflanzung eines kleinen Wasserbeckens:
Blutauge *(Comarum palustre)*
Schachtelhalm (*Equisetum*-Arten)
Wasserdost *(Eupatorium purpureum)*
Mädesüß *(Filipendula ulmaria)*
Wasserschwaden *(Glyceria maxima)*
Tannenwedel *(Hippuris vulgaris)*
Wassernabel *(Hydrocotyle vulgaris)*
Straußweiderich *(Lysimachia thyrsiflora)*
Brunnenkresse *(Nasturtium officinale)*
Seekanne *(Nymphoides peltata)*
Goldkeule *(Orontium aquaticum)*
Schilf *(Phragmites communis)*
Laichkräuter (*Potamogeton*-Arten)
Speerkraut *(Ranunculus lingua)*
Wasserampfer *(Rumex hydrolapathum)*
Seesimse *(Scirpus lacustris)*
Aufrechter Igelkolben *(Sparganium erectum)*
Wasseraloe *(Stratiotes aloides)*
Große, starkwüchsige Seerosensorten:
Nuphar lutea
Nymphaea alba
Nymphaea odorata 'Rosennymphe'
Nymphaea odorata 'Sulphurea'
Nymphaea tuberosa 'Pöstlingberg'
Nymphaea tuberosa 'Richardsonii'
'Charles de Meurville'
'Escarboucle'
'Marliacea Chromatella'
'Masaniello'

Gestaltungsmöglichkeiten

Die Umgebung

Es gibt zahlreiche Möglichkeiten, aus einer schmucklosen Schale oder diversen Kunststoff-, Beton- und Holzgefäßen ein Kleinod für Balkon, Terrasse und auch für den Garten zu machen. Auch auf kleinstem Raum läßt sich eine Menge verwirklichen, und der Phantasie sind (fast) keine Grenzen gesetzt. Entscheidend ist, daß man den Miniwassergarten in seiner Umgebung betrachtet. Er darf nie isoliert gesehen werden. Mehr noch als bei einem großen Teich, der schon für sich allein wirkt, kommt es bei kleinen Wassergefäßen auf die Gesamtwirkung an.

So kann solch ein Tümpelchen durch Nachbarbepflanzung oder Hintergrund optisch erdrückt oder hervorgehoben werden. Die Randbepflanzung sollte zum Eigentlichen, nämlich dem kleinen Teich, hinführen, und nicht etwa auffälliger sein als dieser. Auf Balkonen stellt sich das Problem kaum, da meist der Platz fehlt, um große Pflanzen um den Wassergarten zu stellen. Schwieriger wird es auf weitläufigen Terrassen oder bei einem Miniteich im Garten. Hier ist die Integration von besonderer Bedeutung. So sieht zum Beispiel ein noch so schön bepflanztes Holzfaß mitten in einer Wiese eher verloren und lächerlich aus. Und eine kunstvolle Keramikschale wird abseits, in der Ecke einer großen Terrasse, wohl kaum die Blicke auf sich ziehen, die sie verdient hätte. Bei entsprechendem Platz ist es also sinnvoller, mehrere Gefäße zusammenzustellen. Zum einen, um die Gesamtwirkung zu erhöhen, und zum anderen, um eine optische Unterteilung zu erreichen. Umgekehrt sollten Sie sich auf engen Balkonen vor wuchtigen Töpfen mit hoher Bepflan-

zung hüten. In diesem Fall ist es besser, auf kleinere Gefäße zurückzugreifen, die dort viel eher zur Geltung kommen.

Wichtig ist außerdem ein ruhiger Hintergrund. Gut geeignet sind Mauern, Holzpalisaden und Sichtschutzwände, die durchaus mit Kletterpflanzen bewachsen sein dürfen. Dabei sollte man Efeu oder Wilden Wein einer Kletterrose zum Beispiel vorziehen, die mit ihrer Blütenpracht dem kleinen Wassergarten sicher die

Gestaltungsbeispiel für Dachgarten oder Terrasse mit geometrischen Formen

Schau stehlen würde. Wunderschön ist auch eine mit Hauswurz und Steinbrechgewächsen bepflanzte Natursteinmauer.

Ausgesprochen große Bedeutung hat auch die Bepflanzung in der Nähe des Wasserbeckens, ganz gleich, ob es sich um Kübelpflanzen oder ausgepflanzte Blumen und Sträucher handelt. Auch wenn es schwerfällt — alles, was große, plakative Blüten hat, sollte in der unmittelbaren Nachbarschaft eines Kleinstteiches tabu sein: Dahlien, Gladiolen, Geranien, Margeritenbüsche, um nur wenige zu nennen. Auch große Gehölze eignen sich nicht. Das bedeutet aber nicht, daß Ihr Teichlein einsam und verlassen oder nur von »Mauerblümchen« umgeben dastehen soll. Attraktive Blattpflanzen wirken hier besser als pompöse Blütenpflanzen. Gräser aller Art, Farne, Funkien, Taglilien, aber auch kleine Gehölze wie Oleander oder der Rotblättrige Schlitzahorn sind schon für sich allein dekorativ und schön anzusehen. Sie passen wunderbar zum Wasser und unterstreichen die Zartheit der Wasserpflanzen, ohne ihnen die Schau zu stehlen.

Achten Sie bitte auch darauf, daß diese Randbepflanzung Ihnen nicht den Blick auf das Wasserbecken versperrt, und bedenken Sie eine eventuelle Beschattung der Wasseroberfläche (gut für Fische und gegen zu viele Algen, ungünstig für Seerosen).

Ungeahnte Möglichkeiten eröffnen sich Ihnen, wenn Sie ausreichend Platz zur Verfügung haben, um mehrere Gefäße in unmittelbarer Nähe zueinander aufzustellen. Sie haben dann nicht nur mehr

Linke Seite: Ein kleiner Wassertümpel mit harmonischer Randbepflanzung sieht gerade in einem naturnahen Garten bezaubernd aus, auch an einer eher schattigen Stelle.

Hier wird das Gefälle zwischen Terrasse und Garten geschickt genutzt: mehrere Betonbecken bilden einen kleinen Bachlauf.

Gestaltungsbeispiel mit verschieden hohen Betonringen: Pfeilkraut, Blutweiderich, Segge, Rohrkolben, Seerosen, Hechtkraut, Brasilianisches Tausendblatt, Wasserlilien (von links nach rechts). Zwischen den Steinen Blaukissen, Münzkraut und andere Steingartenpflanzen.

Spielraum bei der Bepflanzung, es entsteht auch der Eindruck einer größeren Wasserfläche. Sofern die Töpfe nicht eingegraben werden, sondern frei stehen, empfiehlt es sich, Behälter aus ein und demselben Material zu verwenden, also zum Beispiel nur Kunststoffwannen oder nur Keramikschalen. Form und Größe können dann ruhig unterschiedlich ausfallen. Man kann aber auch eingegrabene Gefäße mit freistehenden kombinieren oder unterschiedlich hohe Kübel zueinanderstellen. Auch verschieden große Betonringe, mal mehr, mal weniger tief eingegraben, erzeugen eine interessante Wirkung: Es werden verschiedene Ebenen geschaffen, wodurch das Auge des Betrachters länger auf der »Miniseenplatte« verweilt. Außerdem entstehen wie von selbst innerhalb der Töpfe unterschiedliche Wassertiefen, so daß man ohne zusätzlichen Aufwand den Ansprüchen der einzelnen Pflanzen gerecht werden kann.

Mit Kieselsteinen und Wurzelstücken lassen sich weniger attraktive Gefäße und unschöne Ränder gut verdecken. Aber achten Sie auch hier auf die Proportionen. Umgeben Sie eine Schale oder einen Kübel nicht mit dicken Wackersteinen und den Wurzelstöcken hundertjähriger Eichen. Auch die Räume zwischen den einzelnen Töpfen lassen sich mit Kieselsteinen auffüllen, sie passen gut zum Wasser und schaffen eine Verbindung zwischen den Behältnissen.

Ebenso kann man diese Zwischenräume mit niedrig (!) bleibenden Pflanzen besetzen, wie zum Beispiel Zwergbambus

(Sasa pygmaea), Münzkraut (Lysimachia nummularia) oder Gräsern wie Lampenputzergras (Pennisetum compressum), Plattährengras (Uniola latifolia), Braunrote Segge (Carex buchananii), Palmwedelsegge (Carex muskingumensis), Schneemarbel (Luzula nivea) und andere. Auch typische Pflanzen aus dem Uferbereich wie Blutweiderich oder Iris eignen sich hierfür. Sie wachsen auch in normalem Gartenboden. Mit etwas Geschick wirkt solch ein bepflanzter Zwischenraum wie eine Landzunge, die die einzelnen Gewässer miteinander verbindet.

Eine gute Idee ist die Anlage eines kleinen Steingartens zwischen den Töpfen oder in ihrer unmittelbaren Nachbarschaft. Steingartenpflanzen haben den Vorteil, sehr genügsam zu sein. Sie brauchen nur wenig Erde. So kann man sogar auf einer Terrasse einen kleinen Steingarten anlegen, indem man kleinere und größere Kiesel oder Tuffsteine um das Wassergärtlein anordnet, die Hohlräume mit Erde ausfüllt und dann bepflanzt. Da die meisten Steingartenpflanzen im Frühjahr blühen, zu einer Zeit, in der die Wasserpflanzen vorsichtig ihre ersten Blätter entfalten, können Sie unbesorgt leuchtend und üppig blühende Sorten verwenden. Es eignen sich zum Beispiel Blaukissen (Aubrieta-Hybriden), Alpenbalsam (Erinus alpinus), Grasnelke (Armeria splendens), Schleifenblume (Iberis-Arten), Steinkraut (Alyssum-Arten), Hauswurz (Sempervivum-Arten), Mauerpfeffer (Sedum acre) und viele andere.

Die Wände von Betonringen lassen sich hervorragend mit selbstklimmendem Wein oder Efeu begrünen. Brasilianisches Tausendblatt (Myriophyllum brasiliense) in den kleinen Teich gepflanzt, schiebt seine hellgrünen, zart gefiederten Triebe weit über den Kübelrand hinaus und verwischt auf diese Weise die allzu geraden Konturen der Gefäße. Umgekehrt wachsen Münzkraut (Lysimachia nummularia) und Silberwurz (Dryas × suendermannii) vom normalen Gartenboden ins Wasser hinein, verdecken unschöne Ränder und

Die gelbe Zwergseerose *Nymphaea pygmaea* 'Helvola' ziert diese in einen Steingarten integrierte Schale.

53

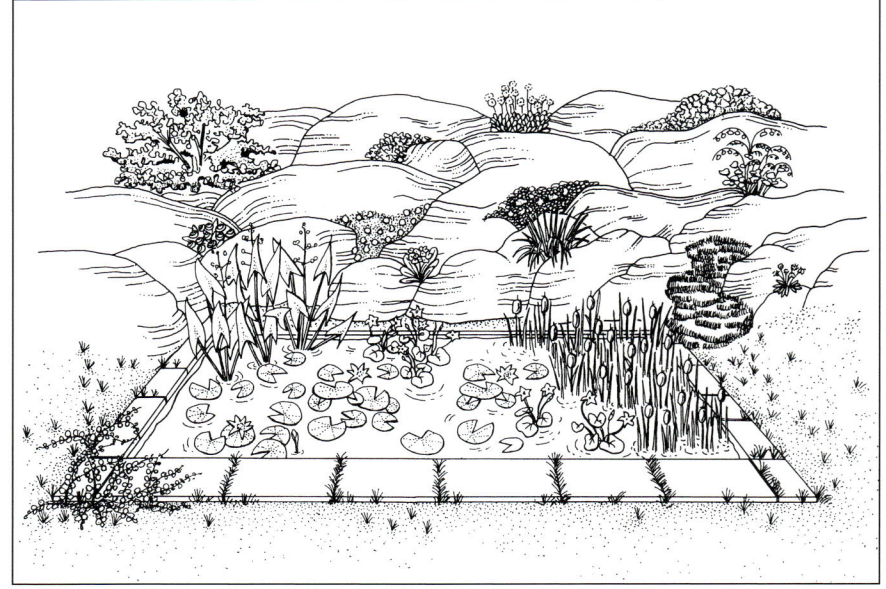

Mit ihren kräftigen roten Blüten bringt die Japanprimel (*Primula japonica*) Farbe in jedes Sumpfbeet.

bilden einen Übergang zwischen Land und Wasser. Das Abdecken mit Rasensoden, Kieseln oder Trittsteinen sind weitere Möglichkeiten, die Ränder von ins Erdreich eingelassenen Behältern zu gestalten.

Auch ein japanisch angehauchter Miniatur-Wassergarten wird seine Wirkung nicht verfehlen. Hier sind klare Formen das oberste Gebot. Der Schwerpunkt liegt in der Beziehung zwischen Steinen, Wasser und einer zurückhaltenden, sparsamen Bepflanzung. So können auf kleinstem Raum faszinierende Landschaftsgebilde entstehen. Ein Becken, nur mit Wasser und Steinen gefüllt und vielleicht durch einen kleinen Wasserspeier belebt, sieht beispielsweise hinreißend aus. Dazu passen in nächster Umgebung ein paar Gräser wie Zwergbambus *(Sasa pygmaea)*, Goldbandleistengras *(Spartina michauxiana)* oder Graziles Chinaschilf (*Miscanthus sinensis* 'Gracillimus'), ein Japanischer Schlitzahorn, eventuell eine schön geformte Wurzel und Kiesel in fast beliebiger Menge. Eine zierliche japanische Steinlaterne würde das Bild auf nahezu perfekte Weise abrunden.

Wasserspeier und Sprudelstein

Auch wenn Sie Ihrem kleinen Teich keinen fernöstlichen Anstrich geben wollen,

Rechte Seite:
Links: Mühlstein
auf Gitterrost
Rechts: »Quelle«
mit Sprudelstein

Rechte Seite unten:
Schale mit flachem
Wasserstand.
Zwergseerose, Klei-
ne Binse, Sumpf-
vergißmeinnicht
und Zwergrohr-
kolben (von links
nach rechts)

ist ein Wasserspeier oder ein Sprudelstein eine feine Sache. Er bringt Bewegung ins Wasser, das leise Plätschern beruhigt die Nerven und tut der Seele gut. Es gibt eine vielfältige Auswahl an Wasserspeiern im Fachhandel. Vielleicht entdecken Sie eine besonders künstlerische Skulptur, die alle Blicke auf sich zieht und Ihren Wassergarten in neuem Licht erstrahlen läßt.

Das Wasserbecken muß allerdings so groß sein, daß sich eine Tauchpumpe darin unterbringen läßt. Gut eignet sich zum Beispiel ein Holzfaß. Achten Sie auch in diesem Fall auf die Größenverhältnisse. Der Wasserspeier sollte dezent sein und das Gefäß nicht erdrücken. In ein solches Becken pflanzen Sie bitte keine Seerose, sie verträgt das unruhige Wasser nicht. Hübsch sind Schwimmpflanzen wie Muschelblume und Wasserhyazinthe, die durch die Wasserbewegung hin- und hergetrieben werden. Allerdings muß ausrei-

chend Platz sein, da ein Wasserstrahl von oben auch diesen Pflanzen nicht gut tut.

Wenn Sie aus Sicherheitsgründen kein offenes Wasser im Garten möchten, so müssen Sie dennoch nicht auf ein sanftes Plätschern verzichten.

Ein Sprudel- oder Quellstein dürfte hier eine gute Lösung sein. Sie läßt sich jedoch nur im Garten verwirklichen, da man hierfür ein größeres Gefäß völlig eingraben muß.

Das unterirdische Becken wird mit Wasser gefüllt und darin die Pumpe versenkt. Darüber legt man einen Gitterrost und darauf einen schönen dicken Stein mit einem Loch in der Mitte. Solche Steine kann man kaufen oder aber einen selbst gefundenen durchbohren lassen. In diese Öffnung steckt man das Schlauchende.

Das noch sichtbare Gitter kann mit Kieseln verdeckt werden. So rieselt dann das Wasser sanft über den Sprudelstein und

Ein sanft sprudeln-
der Quellstein
bringt Bewegung
ins Wasser.

56

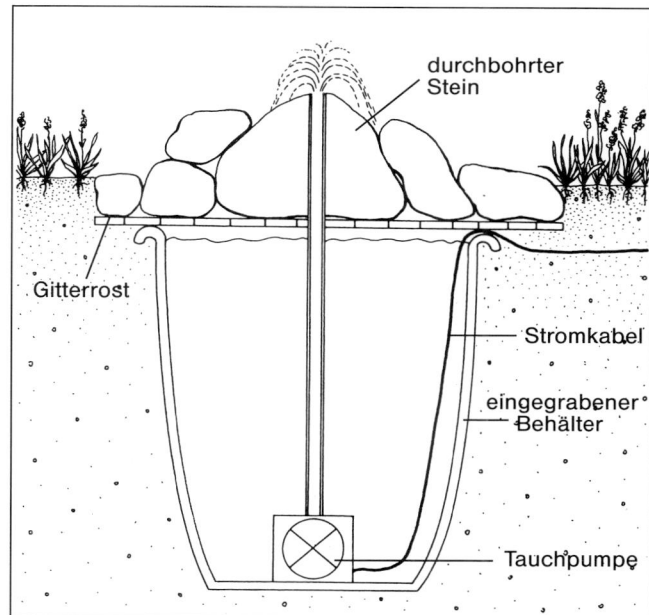

durchbohrter Stein

Gitterrost

Stromkabel

eingegrabener Behälter

Tauchpumpe

verschwindet zwischen den Kieselsteinen wieder im Auffangbecken.

Gleichgültig, ob Sie sich nun für einen Quellstein oder einen Wasserspeier entscheiden, das Wasser muß unbedingt langsam und sachte fließen. Ein mittlerer Wasserfall zerstört die Wirkung und harmoniert nicht mit solch kleinen Anlagen. Die elektrische Installation sollten Sie in jedem Fall von einem Fachmann ausführen lassen und Wert auf einen Fehlerstromschutzschalter legen, der bei der kleinsten undichten Stelle den Strom abschaltet.

Die Gestaltung im Wasser

Den Gestaltungsmöglichkeiten innerhalb eines solch kleinen Wassergartens sind naturgemäß engere Grenzen gesetzt. Auch wenn man beim Angebot der vielen attraktiven Wasser- und Sumpfpflanzen leicht in Versuchung gerät, bremsen Sie Ihren Schwung und pflanzen Sie nicht zuviel in Ihren Miniteich. Das sieht zwar am Anfang gut aus, doch nach kürzester Zeit ist alles völlig durcheinander gewachsen und verfilzt und wird Ihnen kaum Freude be-

reiten. Fangen Sie lieber langsam an. Versuchen Sie es mit drei oder vier Pflanzen, und prüfen Sie die Wirkung nach ein paar Wochen. Nachpflanzen können Sie immer noch.

Für die Bepflanzung innerhalb eines Wasserkübels ist die Blickrichtung von

Fertigbecken, der
Rand wurde hier
mit Naturstein-
platten abgedeckt.

Rechts: Verschieden
hohe Fässer, mit
Seerosen und
Zypergras bepflanzt

Seite 59 oben:
Ein Sumpfbeet im
Blumenkasten (hier
mit Blutweiderich)
neben einer
herkömmlichen
Balkonbepflanzung.

Unten: Sumpfbeet
im Blumenkasten

großer Bedeutung: Höher wachsende Pflanzen gehören immer in den Hintergrund. Auch wenn mehrere Gefäße zusammenstehen, werden die hinteren mit höheren Arten besetzt. Außerdem kann man die Kübel so anordnen, daß große Pflanzen Wind- oder Sonnenschutz für niedrige bieten.

Wenn Sie verschiedene kleinere Kübel zusammenstellen, kann es durchaus sinnvoll sein, nur ein bis zwei Pflanzenarten pro Gefäß zu verwenden. Vielfalt und Abwechslung entstehen dann durch die Kombination der unterschiedlichen Bekken. So kann man zum Beispiel in einen Kübel eine Seerose und ein paar Unterwasserpflanzen setzen. Daneben in ein kleineres, mehr sumpfiges Gefäß vielleicht eine gefüllte Sumpfdotterblume, ein Sumpfvergißmeinnicht oder eine Etagenprimel, dazu noch etwas Brasilianisches Tausendblatt. Dahinter, in einem dritten Behälter machen sich, je nach Größe und Platzangebot, Zypergras oder Rohrkolben gut. Aber auch zwei oder drei Töpfe nur mit Seerosen und Unterwasserpflanzen sehen gut aus. Oder wie gefiele Ihnen eine Mörtelwanne mit Iris, Zwergrohrkolben und einigen Schwimmpflanzen?

Bei größeren Behältnissen, etwa Betonringen und Holzfässern, bietet sich eine verschiedenartigere Bepflanzung an: Hier finden zum Beispiel Hechtkraut, Blutweiderich, Schwanenblume und eine Seerose Platz. Bitte beachten Sie dabei aber die unterschiedlichen Ansprüche an die Wassertiefe.

Bislang noch ungewöhnlich ist die Verwendung eines dichten Balkonkastens als Sumpfbeet. Hier einige Pflanzenbeispiele, die nach eigener Erfahrung dort, und natürlich auch in einer Sumpfbeetschale oder ähnlichem, gut gedeihen: Sumpfdotterblume, Gauklerblume, Münzkraut, Sumpfvergißmeinnicht, Köpfchenbinse, Nadelsimse, Bachnelkenwurz, Rosenprimel und als Krönung der Blutweiderich, der fast den ganzen Sommer über neue Blütenkerzen hervorbringt und dessen leuchtendes Lilarot schon von weitem zu sehen ist.

Legen Sie aber nicht nur Wert auf dekorative Blütenformen und -farben. Die meisten Wasserpflanzen blühen lediglich eine kurze Zeit, an schattigen Plätzen oft nur spärlich, so daß der Blatt-, aber auch der Wuchsform eine besondere Bedeutung zukommt. Achten Sie also darauf, nicht nur gerade nach oben wachsende Pflanzen (zum Beispiel Iris und Kalmus) zu verwenden, sondern kombinieren Sie strenge mit überhängend fließenden Wuchsformen (zum Beispiel Seggen und Zypergras) und wählen Sie unterschiedliche Blattformen. Hechtkraut, Pfeilkraut, Froschlöffel, Molchschwanz, Wasserhyazinthe, Fieberklee und Muschelblume sind beispielsweise eine gute Ergänzung zu Iris, Binsen und Rohrkolben. Wenn Sie das Ganze dann noch mit ein paar kleinen Kieseln, Holz- und Wurzelstücken auflockern, wird Ihr Wasser- oder Sumpfbecken auch dann nicht langweilig aussehen, wenn gerade einmal nichts darin blüht.

Das Moorbeet

Eine interessante Variante, bisher nur selten in Gefäßen versucht, aber durchaus realisierbar, ist ein Moorbeet. Da die meisten Moorbeetpflanzen zierliche, aber nichtsdestoweniger hübsche Blüten haben, bieten sie sich geradezu für eine Kübelbepflanzung an. Dort kann man sie immer von Nahem betrachten, und ihre zarte Schönheit wird nicht so leicht übersehen (Pflanzen siehe Seite 47f.). Eine wirkliche Besonderheit stellen die Insektivoren (insektenfressende Pflanzen), wie Sonnentau, Venusfliegenfalle oder Sarracenien, dar.

Das beste Pflanzsubstrat ist und bleibt, trotz ökologischer Bedenken, magerer Torf, der mit Regenwasser feucht gehalten werden muß, damit der pH-Wert im sauren Bereich bleibt. Wollen Sie zur Dekoration einige Steine hineinlegen, darf es sich dabei nicht um kalkhaltiges Gestein handeln. Auch Betonränder müssen abgedeckt werden, da sie Kalk abgeben und somit den pH-Wert ungünstig beeinflussen

können. Besonders natürlich sieht eine alte Wurzel aus, um die herum man die Pflänzchen hübsch anordnet.

Wenn Sie sich ein solches Moorbeet im Garten anlegen wollen, sei es mit einem Stückchen Teichfolie oder in einer eingegrabenen Mörtelwanne, bietet es sich an, in die unmittelbare Umgebung einige »Übergangsarten« zu setzen: Pflanzen, die im normalen Gartenboden wachsen, deren Charakter aber gut mit den Stauden einer Moorlandschaft harmoniert. Dazu gehören beispielsweise Farne und Heidekräuter. Wenn Sie außer einem Blickfang auch praktischen Nutzen haben wollen, können Sie eine Kulturheidelbeere in Ihren Moorkübel setzen. Im Vordergrund finden dann noch ein paar kleine Arten wie Moosbeere, Heide oder Rippenfarn ihren Platz. Sie alle mögen es nicht zu naß.

Wie Sie sehen, gibt es viele Möglichkeiten, einen Miniatur-Wassergarten zu gestalten. Es lohnt sich, auch eine kleine Schale zu bepflanzen, und sie sieht keineswegs langweilig aus, wenn man seine Kreativität zu Hilfe nimmt, gestalterische Elemente mit einbezieht und ausprobiert.

Moorbeet mit *Sarracenia*, Moosbeere, Sumpffarn und Kulturheidelbeere (von links nach rechts)

Linke Seite: Miniatur-Wassergarten mit zurückhaltender Randbepflanzung: Farne, Münzkraut, Waldmarbel und Funkie

Pflege

A uch ein kleiner Wassergarten benötigt ab und zu ein wenig Pflege. Erst einmal sollten Sie ihn regelmäßig beobachten, so daß Sie eventuelle Veränderungen möglichst bald bemerken. Bedingt durch die geringe Größe fallen Probleme wie Schädlinge oder Algen wesentlich mehr ins Gewicht als bei einem großen Teich, in dem die natürlichen Regulationsmechanismen einiges abfangen. Gleichzeitig ist es aber einfacher, für einen Miniteich flächendeckende Maßnahmen zu ergreifen.

Algen und ihre Bekämpfung

Eines der Hauptprobleme für den Besitzer eines Gartenteiches ist in vielen Fällen das Auftreten von Algen. Sofern es sich bei Ihrem Becken nicht um ein reines Sumpfbeet handelt, sondern um einen kleinen Teich mit freier Wasserfläche, werden auch Sie nicht von Algen verschont bleiben. Man kann sogar sagen: Je kleiner das Gewässer, um so mehr wird man damit zu kämpfen haben. Da sich ein Kübel oder eine Wanne bei Sonnenbestrahlung wesentlich schneller und stärker erwärmt als ein Teich und außerdem kein biologisches Gleichgewicht entstehen kann, wird das Wachstum der Algen eher gefördert als gebremst. Das sollte Sie jedoch nicht entmutigen oder Sie gar davon abhalten, sich ein solches Kleinod für Terrasse oder Garten einzurichten. Es gibt durchaus Möglichkeiten, dies in den Griff zu bekommen.

Die Algen gehören zu den niederen Pflanzen und haben wie Bakterien keine echten Zellkerne. Sie vermehren sich vorwiegend vegetativ durch Zellteilung. Die Ursache für eine übermäßige Algenent-

wicklung ist meist ein Überangebot von Nährstoffen. Algen nehmen im Wasser gelöste Nährstoffe wesentlich schneller auf als höhere Pflanzen. Eine entscheidende Rolle spielt, besonders in kleinen Becken, die als Bodengrund verwendete Erde (siehe Pflanzerden). Gedüngte oder schwere, nährstoffreiche Substrate fördern das Algenwachstum. Halten Sie Fische in Ihrem Kübel, so tragen diese nicht unerheblich zum Nährstoffgehalt des Wassers bei. Fische produzieren eine enorme Menge an Abfallstoffen, die wiederum den Algen als Nahrung dienen. Außerdem sollten Sie die Fische nur sehr sparsam füttern, da das zu Boden sinkende Restfutter meist nicht mehr gefressen wird. Es zersetzt sich und führt so dem Wasser wieder Nährstoffe zu. Sie sollten aber auch darauf achten, daß Dünger, der für Pflanzen in der unmittelbaren Umgebung des Miniteiches bestimmt ist, nicht unkontrolliert ins Wasser gelangt. So kann es beispielsweise schnell passieren, daß Rasendünger beim nächsten Regen in das im Boden eingelassene Becken geschwemmt wird.

Für den Teichbesitzer sind verschiedene Algenarten von Bedeutung. Besonders im Frühjahr treten die einzelligen Schwebalgen auf, auch Wasserblüte genannt, die in kurzer Zeit klares Wasser in eine trübe Brühe verwandeln. Es handelt sich hierbei um mikroskopisch kleine Blau- und Grünalgen, die meist nach einiger Zeit von selbst wieder verschwinden.

Bevor wir uns der Bekämpfung zuwenden, sollten Sie sich darüber klar werden, daß Sie mit Algen leben müssen. Sie sind das Unkraut im Wassergarten. Man kann sie in Schach halten, aber genau wie Landunkräuter nicht völlig beseitigen. Außerdem sind Algen für ein natürliches Gleichgewicht im Wasser genauso von Bedeutung wie Pflanzen und Tiere. Algen sind kein Zeichen für verschmutztes Wasser. Genausowenig kann man sagen, daß glasklares Wasser gesund ist, da man gelöste Schadstoffe nicht erkennen kann. Andererseits müssen Sie sich keineswegs mit einer undurchsichtigen, trüben grünen Brühe abfinden.

Welche Möglichkeiten gibt es also? Um chemische Algenvernichtungsmittel sinnvoll anwenden zu können, benötigt man sehr viel Fingerspitzengefühl, da die richtige Dosierung recht schwierig ist. Verwendet man zu wenig, werden die Algen kaum oder gar nicht geschädigt. Verwendet man etwas zuviel, so ist die Gefahr groß, daß alle Tiere und Pflanzen eingehen. Wirk- und Schadkonzentration liegen sehr eng beieinander. Im übrigen bin ich der Ansicht, daß man solch kleinen und empfindlichen Systemen nicht mit Chemie zu Leibe rücken sollte oder muß.

Es gibt durchaus biologische Alternativen, die nicht schaden und meistens erfolgreicher sind, so zum Beispiel das Einsetzen von Unterwasserpflanzen wie Laichkräutern (*Potamogeton*-Arten), Wasserhahnenfuß *(Ranunculus aquatilis)*, Nadelsimse *(Eleocharis acicularis)* und Hornkraut *(Ceratophyllum demersum)*. Diese Pflanzen produzieren Sauerstoff und entziehen dem Wasser Nährstoffe. Sie treten somit Algen gegenüber als Nahrungskonkurrenten auf. Alle genannten Arten, bis auf das Hornkraut, werden in die Erde gepflanzt. Die Wurzeln dienen hauptsächlich der Verankerung im Boden, die Nährstoffaufnahme erfolgt größtenteils über die Blätter. Unterwasserpflanzen breiten sich schnell aus, was auch der Sinn der Sache ist, denn je größer die gesamte Blattoberfläche, um so besser die Wirkung. Andererseits ist diese Wuchsfreudigkeit nicht ganz problemlos für ein kleines Becken. Sie werden des öfteren auslichten oder die Triebe ein Stück einkürzen müssen.

Eine weitere Möglichkeit sind frei schwimmende Pflanzen, die mit ihrem reich verzweigten Wurzelwerk dem Was-

ser Nährstoffe entziehen und den Algen das nötige Licht nehmen. Einheimische Arten sind Wasserlinsen (*Lemna*-Arten) und Froschbiß *(Hydrocharis morsus-ranae)*. Wasserlinsen sind etwas problematisch. Sie vermehren sich unter günstigen Bedingungen mit unwahrscheinlicher Geschwindigkeit und überziehen die gesamte Wasseroberfläche mit ihrem hellen Grün. Dies trifft in besonderem Maße auf *Lemna minor* zu. Bei einem großen Teich kann das sehr unangenehm werden, da man die Wasserlinsen kaum so schnell abfischen kann, wie sie wieder nachwachsen. In einem Kübel ist das natürlich nicht so schwierig. Allerdings müssen Sie dann alle zwei bis drei Tage ein oder zwei Hände voll abschöpfen. Empfehlenswerter wäre wohl *Lemna trisulca*. Sie wuchert nicht so stark, lebt untergetaucht, und ihre bizarre Form sieht auch noch hübsch aus.

Eine gute Wirkung erzielt man auch mit der einjährigen Wassernuß *(Trapa natans)* und den nicht winterharten Schwimmfarnen *Azolla caroliniana* und *Salvinia natans*. Ebenfalls zu den frostempfindlichen Arten gehören die Wasserhyazinthe *(Eichhornia crassipes)* und die Muschelblume

Die einjährige Wassernuß (hier mit Läusebefall) entnimmt ihre Nährstoffe aus dem Wasser und ist somit ein Nahrungskonkurrent der Algen.

(Pistia stratiotes). Sie dürfen erst nach den Eisheiligen ins Freie gebracht werden. Wenn der Sommer warm ist, vermehren sich diese Arten alle gut und müssen daher ausgelichtet werden.

Unangenehm sind auch die Fadenalgen, die frei im Wasser schweben oder am Untergrund festhaften. Sie gehören ebenfalls zu den Grünalgen und bilden dicht wachsende, relativ feste, schleimige Fäden. Grünen, verfilzten Wattebäuschen ähnlich, schlingen sie sich gerne um junge Blätter und Stengel und können dadurch deren Wachstum erheblich beeinträchtigen.

Auffallend ist, daß das Wasser ansonsten glasklar ist. Eigenartigerweise gibt es Jahre, in denen kaum Fadenalgen auftreten, in anderen dafür um so mehr.

Auch hier gibt es keine hundertprozentige Lösung. Am besten ziehen Sie die Algen vorsichtig mit der Hand heraus. Achten Sie aber darauf, daß keine anderen Pflanzen mit herausgerissen werden.

Da Fadenalgen nur in kalkhaltigem Wasser auftreten, können Sie als zusätzliche Maßnahme das Wasser etwas ansäuern. Um dies zu erreichen, streut man eine dünne Schicht ungedüngten Torf auf die Wasseroberfläche. Der Torf schwimmt ein paar Tage auf dem Wasser und nimmt so den sehr lichtbedürftigen Algen das Licht. Hinzu kommt eine leichte Senkung des pH-Wertes (Ansäuerung). Nach einigen Tagen sinkt der Torf ab. Diese Behandlung kann öfter wiederholt werden. Allerdings wird bei Gefäßen dadurch schnell der Bodengrund erhöht. In diesem Fall ist es besser, den Torf in einen kleinen Stoffbeutel, zum Beispiel ein Gazesäckchen oder einen alten Nylonstrumpf, zu füllen und ihn für ein paar Tage ins Wasser zu hängen. Bei der geringen Wassermenge reicht diese Methode aus, um das Wasser anzusäuern. Der Verdunklungseffekt fällt natürlich weg.

Eine ähnliche Wirkung erzielt man, wenn man im Handel erhältliche, huminsäurehaltige Präparate in Tabletten- beziehungsweise in flüssiger Form verwendet. Sie zeigen keine unerwünschten Nebenwirkungen, die leichte Braunfärbung des Wassers wird durch Huminstoffe hervorgerufen und ist harmlos.

Abraten möchten wir von der Verwendung verschiedener Säuren zur Senkung des pH-Wertes, wie Phosphor-, Schwefel- oder Oxalsäure. Mit solchen Flüssigkeiten muß man sehr vorsichtig umgehen und verschiedene Faktoren wie Wassermenge und -härte in die Dosierung einbeziehen.

Durchaus sinnvoll ist es, etwas Kleingetier auch in einen Miniwassergarten einzusetzen. Wasserflöhe und Teichmuscheln filtern das Wasser hervorragend und tragen so zur Reinigung bei. Wasserschnecken wie Posthorn-, Spitzschlamm-, Sumpfdeckel- und Tellerschnecke fressen unermüdlich Fadenalgen und putzen regelrecht den Kübelrand. Bitte geben Sie im Überschwang nicht dutzendweise Schnecken in Ihr Becken. Es reichen wenige Exemplare. Schließlich benötigen diese auch einen gewissen Lebensraum und keine »Stehplätze«. Außerdem vermehren sich Schnecken fleißig, und zu guter Letzt würden sie sich bei einer Überbevölkerung auch auf die zarten Triebe der Wasserpflanzen stürzen (siehe Seite 73f.).

Schließlich sei noch erwähnt, daß ein Wasserwechsel völlig sinnlos ist. Da die Dauerformen der Algen allgegenwärtig sind, erzielen Sie damit nur einen sehr kurzfristigen Erfolg von ein paar Tagen.

Wasser nachfüllen und Säubern

Bei heißem Wetter verdunstet das Wasser in Schalen und Kübeln überraschend schnell, so daß die Gefahr des Austrocknens besteht. Dies darf aber auf gar keinen Fall passieren, da alle Tiere und viele Wasserpflanzen eingehen, wenn sie ein paar Stunden in der Sonne schmoren müssen. Füllen Sie an warmen Tagen das Becken also rechtzeitig auf! Dafür nehmen Sie am besten Leitungswasser, da es weniger Schadstoffe und Rückstände enthält als beispielsweise vom Dach aufgefangenes

Regenwasser. Da Leitungswasser meist kalt ist, sollten Sie sehr langsam einfüllen oder das Wasser eine Zeitlang in einem Eimer stehenlassen, um den Pflanzen den Kälteschock zu ersparen.

Von Zeit zu Zeit ist es auch angebracht, vertrocknete Pflanzenteile zu entfernen. Aber rupfen Sie die trockenen Stengel nicht einfach heraus, sondern schneiden Sie sie vorsichtig unterhalb der Wasseroberfläche ab. Ebenso müssen abgestorbene Blätter von Seerosen und anderen Wasserpflanzen, aber auch von Landpflanzen hereingewehte Blätter herausgefischt und entfernt werden. Während man dies bei einem großen Teich nur in extremen Fällen, zum Beispiel während des Laubfalls im Herbst, durchführen soll, ist diese Maßnahme in einem kleinen Wasserbecken unumgänglich. Fallen nämlich viele Blätter in das Gefäß und verrotten dort, so führt das zum einen in kürzester Zeit zu »Verlandung« und Überdüngung. Zum anderen können Faulgase entstehen, und das Wasser beginnt sehr unangenehm zu riechen.

Dies ist übrigens der einzige Fall, in dem so etwas vorkommt. Ein Becken, das ausgewogen bepflanzt und nicht hoffnungslos überdüngt ist, stinkt nicht – selbst wenn eine Menge Algen darin wachsen! Diese Sorge geistert in den Köpfen vieler Leute herum. Ein überriechendes Wasser ist tot. Es bleibt Ihnen nichts anderes übrig, als den Kübel zu entleeren, die Erde auf den Kompost zu geben, Gefäß und Pflanzenwurzeln sorgfältig auszuwaschen und von vorn anzufangen.

Wenn Sie Ihr Wasserbecken regelmäßig beobachten, werden Sie jede Veränderung rasch bemerken, so daß Sie schnell eingreifen können. Geraten Sie aber nicht gleich in Panik, wenn Sie drei gelbe Blätter erspähen! Das ist völlig normal. Jede Pflanze verliert im Laufe einer Vegetationsperiode einige Blätter. Erst wenn mehrere Pflanzen viele gelbe Blätter bekommen, müssen Sie etwas unternehmen. Falls sie keine Schädlinge oder Anzeichen von Krankheiten entdecken können und auch das Wasser einen gesunden Eindruck

macht, sollten Sie es, allen Warnungen zum Trotz, mit etwas Dünger versuchen (siehe Düngung). Tierische Schädlinge können Sie im Normalfall durch regelmäßiges Absammeln in den Griff bekommen. Es gibt übrigens Wasserpflanzen, die bereits im Sommer einziehen, wie zum Beispiel Froschlöffel und Sumpfdotterblume. Auch dies ist normal und kein Grund zur Sorge. Schneiden Sie lediglich die vertrockneten Teile ab, und lassen Sie den Wurzelstock in Ruhe.

Sollten Sie vor oder nach der Überwinterung das, wenngleich überflüssige, Bedürfnis verspüren, Ihr Gefäß mit irgendwelchen Putzmitteln zu reinigen, so achten Sie bitte sehr darauf, daß keine Rückstände bleiben.

Das Teilen der Pflanzen

Irgendwann, je nach Größe des Beckens und Anzahl der Pflanzen, meist jedoch im zweiten Jahr, wird es den Wasserpflanzen zu eng in ihrem Kübel. Nun wird es Zeit,

Seerosenverjüngung durch Rhizomteilung

65

auszulichten. Sie sollten diese Arbeit nicht kurz vor dem Winter erledigen, da dann die Pflanzen nicht mehr anwachsen und geschwächt die kalte Jahreszeit überstehen müssen. Bei Pflanzen, die im Haus überwintert werden, ist der günstigste Zeitpunkt zum Verjüngen im Frühjahr, wenn Wanne oder Bottich neu bepflanzt werden. Wasserpflanzen, die den Winter draußen verbracht haben, teilt man am besten im Mai oder Juni.

Man nimmt dazu die einzelnen Pflanzstöcke heraus und zerteilt den Wurzelballen vorsichtig und nicht zu knapp mit einem scharfen Messer. Dabei darf auch ein Teil des Wurzelfilzes mit weggeschnitten werden. Dann lockern Sie die Erde, am besten füllen Sie noch neue hinzu. Achten Sie auch diesmal darauf, daß es sich um schweres, nährstoffarmes Substrat handelt. Nun können Sie die Pflanzen wieder einsetzen und werden sicher aufs neue viel Freude an Ihrem Miniteich haben.

Besonders eine Seerose wird schnell zu üppig für einen Bottich, so daß man kaum darum herumkommt, auch sie zu teilen. Hierbei müssen Sie besonders vorsichtig vorgehen. Zuerst sollten Sie sich die Form des Rhizoms (verdickter Wurzelstock der Seerose, eigentlich ein unterirdischer Sproß) genau ansehen. Bei Sorten mit kriechendem Rhizom (zum Beispiel 'Marliacea Carnea', 'Madame Laydeker') schneiden Sie einfach am hinteren Ende ein Stück ab und setzen den Rest waagrecht wieder ein. Achten Sie darauf, daß der Ansatz der Blattstiele noch zu sehen ist. Bei den anderen Sorten (zum Beispiel *Nymphaea tetragona*, *Nuphar pumila*) muß der Wurzelstock senkrecht mit einem scharfen Messer durchtrennt werden. Das verbleibende Wurzelstück darf nicht zu klein sein, es müssen noch genügend Wurzeln und mehrere Blattansätze daran sein. Dann pflanzt man es senkrecht wieder ein.

Tiere im Miniatur-Wassergarten

Fische

Viele Menschen möchten ihr Wasserbekken durch Fische beleben, ja manche legen sich hauptsächlich aus diesem Grund ein kleines Gewässer an. Für sie sind die Fische die Hauptbewohner. Die Haltung der meisten Arten ist auch relativ problemlos, wenn man die Lebensgewohnheiten der Tiere berücksichtigt und der Teich eine Mindestgröße von 6 bis 8 m² hat.

Schwieriger wird es in unserem Fall. Eigentlich ist es wenig sinnvoll, in solch kleine Becken Fische einzusetzen. Zum einen haben die Tiere zu wenig Platz, zum anderen heizt sich das Wasser im Sommer stark auf, was die meisten Arten nicht vertragen. Mit Enttäuschungen ist also zu rechnen. Außerdem müssen Sie sich darüber im klaren sein, daß Sie durch Fische vermehrt mit Algen zu kämpfen haben. Die Fische fördern durch ihre Exkremente, und die damit verbundene Anreicherung des Wassers mit Nährstoffen, die Algenbildung stark. Daher ist es unerläßlich, den Kleinstwassergarten mit sauerstoffbildenden Unterwasserpflanzen zu besetzen (siehe Seite 63).

Wenn es denn unbedingt sein muß, sollte man das Gefäß so groß wie nur möglich wählen. In Bottichen und Mörtelwannen haben Fische, vor allem wenn man bestimmte Voraussetzungen schafft, eine Überlebenschance, in flachen Schalen nie. Das Gefäß muß eine Mindestwassertiefe von etwa 30 cm aufweisen und im Schatten, oder zumindest im Halbschatten, aufgestellt sein. Eine Südterrasse, auf die den ganzen Tag die Sonne niederbrennt, ist ungeeignet. Es sei denn, man schattiert das Becken durch höher wachsende Pflanzen oder ein Sonnendach. Sinnvoll ist es auch, Schwimmblattpflanzen wie Seerosen einzusetzen, oder Schwimmpflanzen wie Muschelblume und Wasserhyazinthe, die die Wasseroberfläche mit ihren Blättern bedecken. Außerdem benötigen Fische Versteckmöglichkeiten, die man ihnen durch ein paar aufeinandergeschichtete Kieselsteine und Wurzeln leicht bieten kann. Sie müssen allerdings so fest gebaut sein, daß sie auf keinen Fall zusammenstürzen können und dadurch die Fische verletzt oder gar getötet werden.

Als Grundsatz gilt: Setzen Sie in einen Miniteich nur eine Art ein. Wählen Sie möglichst kleine Tiere aus. Sie passen sich teilweise dem vorhandenen Platz an, das heißt, sie werden in kleinen Becken nicht so groß. Dennoch sollte man in eine Mörtelwanne oder ein Faß höchstens fünf oder sechs kleine (!) Fische einsetzen. Als Faustregel kann man annehmen: Die Länge des ausgewachsenen Tieres in Zentimetern mal fünf ergibt die Wassermenge in Litern, die der Fisch als Lebensraum benötigt. Das heißt, ein etwa 10 cm großer Fisch braucht 50 l Wasser. Dadurch wird deutlich, daß die meisten Wasserbecken wirklich zu klein für einen Fischbesatz sind. Bitte kommen Sie jetzt nicht auf die Idee, anstelle von drei oder fünf kleinen Tieren ein großes einzusetzen. Es würde sich einsam fühlen und hätte auch zu wenig Platz zum Schwimmen.

Nicht zuletzt ist zu bedenken, daß man die Fische, im Gegensatz zum Aquarium, nur von oben betrachten kann. Kleine Tiere haben also keine große Wirkung. Macht man sich außerdem klar, daß die Wasseroberfläche zumindest teilweise mit Schwimmblättern bedeckt sein muß, um den Fischen halbwegs günstige Lebensbedingungen zu gewähren, stellt man

Das Stichlings-
männchen
kümmert sich
allein um die
Brutpflege.

schnell fest, daß man sie vermutlich nur selten zu Gesicht bekommt. Anders ist das bei größeren Teichen, wo ein Teil der Wasseroberfläche frei bleibt, und die Tiere sich je nach Wetter und Laune mal im offenen Wasser tummeln, mal zwischen Blättern und Steinen verstecken. Man sollte diese Gesichtspunkte gegeneinander abwägen, bevor man unüberlegt mit Lebewesen experimentiert.

Das Einsetzen

Der günstigste Zeitpunkt, Fische in einen Teich einzusetzen, ist der Frühsommer. Auf jeden Fall müssen die Pflanzen bereits angewachsen sein. Außerdem sollte sich schon eine Mikrofauna gebildet haben. In ein neu eingerichtetes Gefäß darf man nie Fische hineingeben.

Besorgen kann man sich die Fische im Zoofachhandel, leider sind hier oft nur wenige Arten erhältlich. Eine andere Bezugsquelle sind Fischzuchtanstalten, die zum

Teil recht interessante Arten in ihren Anlagen haben und als Köderfische verkaufen. Hier besteht manchmal die Gefahr, daß sie von Parasiten befallen sind. Ein sehr wesentlicher Aspekt beim Kauf ist, daß die Tiere gesund sind. Kranke Fische gehen immer ein. Man sollte nicht die Hoffnung haben, sie gesund pflegen zu können, da sie den Streß des Umsetzens in ihrem geschwächten Zustand nicht verkraften.

Im Zoohandel gekaufte Fische müssen sie an die Wassertemperatur Ihres Beckens gewöhnen, da sie im Geschäft oft in zu warmem Wasser gehalten werden. Legen Sie den geschlossenen Beutel, in den die Fische zum Transport verpackt worden sind, etwa eine Stunde auf die Wasseroberfläche Ihres Beckens. Dann erst öffnen Sie die Tüte und lassen die Tiere langsam ins Wasser gleiten. Dies darf nie in praller Sonne stattfinden, da in dem kleinen Beutel sehr schnell Sauerstoffmangel entsteht, so daß die Tiere sterben.

Einheimische Fische dürfen Sie nicht selber fangen. Die meisten von ihnen ste-

68

hen unter Naturschutz. Außerdem können Wildfänge aus Bach oder Tümpel sich oft nicht an die veränderten Bedingungen in einem kleinen Becken gewöhnen und gehen ein.

Fütterung

Das Füttern ist besonders bei geringen Wassermengen ein Problem. Zum einen ist nicht gewährleistet, daß sich genügend Kleinstlebewesen einfinden, die den Fischen als Nahrung dienen können. Zum anderen besteht sehr leicht die Gefahr, daß zuviel gefüttert wird. Das nicht gefressene Futter verfault und verbraucht dabei eine Menge Sauerstoff. Bestenfalls wird dadurch die Algenbildung gefördert, im schlimmsten Fall »kippt das Wasser um« und alle Tiere gehen ein.

Am besten füttern Sie, auch wenn es schwerfällt, nur einmal in der Woche, und zwar soviel, wie Sie zwischen Daumen und Zeigefinger nehmen können. Es dürfen wirklich nur kleine Mengen sein! Die Fütterung soll nur ein zusätzliches Nahrungsangebot darstellen. Schließlich sollen die Fische auch Kleinstlebewesen und vor allem Mückenlarven fressen. Beim Kauf des Futters achten Sie darauf, daß es nicht zu grobkörnig ist, da kleine Fische die großen Teile nicht auf einmal fressen können. Einmal zu Boden gesunkenes Futter wird meist nicht mehr aufgenommen.

Haben Sie aus Versehen doch einmal zuviel gefüttert, ist es ratsam, die Fische in den nächsten Stunden genau zu beobachten. Kommen sie an die Wasseroberfläche und schnappen nach Luft, leiden sie unter akutem Sauerstoffmangel. Jetzt muß schnell gehandelt werden. Legen Sie einen Schlauch in das Becken und lassen Sie eine Weile frisches Wasser nachlaufen. Dadurch wird das Teichwasser teilweise ausgetauscht und mit Sauerstoff angereichert.

Als zusätzliches Lebendfutter bieten sich vor allem Wasserflöhe an. Bei den im Zoohandel käuflichen Schlammröhrenwürmern *(Tubifex tubifex)* kann es passieren, daß sie Krankheiten übertragen. Füttern Sie auf gar keinen Fall Brotreste oder Küchenabfälle. Sie verwandeln das Wasser schnell in eine übelriechende Brühe.

Grundsätzlich gilt: Je geringer die Wassermenge, um so anfälliger ist sie gegen Störungen. Es kann kein biologisches Gleichgewicht entstehen, das schädliche Einflüsse bis zu einem gewissen Grad abfangen kann. Daher sollten Sie sehr behutsam mit Ihrem Miniatur-Wassergarten umgehen.

Fischkrankheiten

Da Fische in einem Miniteich selten optimale Bedingungen vorfinden, sind sie krankheitsanfälliger als in einem großen Teich. Typische Anzeichen, daß etwas nicht in Ordnung ist, sind zum Beispiel rote oder weiße Flecken auf der Haut, watteartige Pusteln an den Flossen und unsichere Schwimmbewegungen. Am besten beobachten Sie diese Erscheinungen genau, schildern dem Händler, bei dem Sie die Tiere erworben haben, die Symptome und lassen sich von ihm die entsprechenden Medikamente geben. Je früher Ihnen die Krankheitsanzeichen auffallen und je eher die Behandlung einsetzt, um so größer ist die Chance, daß die Fische wieder gesund, beziehungsweise nicht alle von der Krankheit befallen werden.

Besser, als die Fische im Becken zu behandeln, ist es, sie herauszufangen und in einem Eimer mit der Lösung des Medikaments nach Gebrauchsanweisung eine Weile zu baden. Schütten Sie die Medizin direkt in den kleinen Teich, könnte das nicht kontrollierbare Reaktionen der übrigen Tier- und Pflanzenwelt hervorrufen. Das gleiche gilt übrigens auch für andere Chemikalien. Sie sollten alle, auch die scheinbar gesunden Fische behandeln, da sie bereits angesteckt sein können. Nach der Behandlung werden die Fische wieder ins Becken zurückgegeben. Meist muß der Vorgang nach ein bis zwei Tagen wiederholt werden. Eventuell ist es auch sinnvoll, einen Teilwasserwechsel vorzunehmen.

Überwinterung

Die Überwinterung der Fische muß ausnahmslos im Haus erfolgen, da flache Wannen und sonstige Gefäße im Winter durchfrieren. Auch in Gegenden mit mildem Klima empfiehlt es sich, die Tiere ins Haus zu bringen. So können Sie das Becken, falls es nicht zu schwer ist, samt Inhalt in einem kühlen, aber frostfreien und nicht zu dunklen Kellerraum überwintern. In den meisten Fällen wird es einfacher sein, die Fische herauszufangen und in einem Kaltwasseraquarium, eine größere Wanne tut es auch, unterzubringen. Am besten wäre ein mit einigen Unterwasserpflanzen bestücktes Aquarium. Allerdings benötigen Sie dann eine Lichtquelle, eine einfache 25-Watt-Glühbirne ist ausreichend, damit die Pflanzen gedeihen können.

Bei Temperaturen unter 12 °C dürfen Sie nicht mehr füttern, da die Fische dann in die Winterruhe eintreten und keine Nahrung mehr aufnehmen. Vorsichtshalber sollten Sie die Überwinterungswanne mit einem Netz oder ähnlichem abdecken. Manche Fische springen gerne, wenn es wärmer wird. Vergessen Sie auch nicht, regelmäßig nach Ihren Teichbewohnern zu sehen und gegebenenfalls Wasser nachzufüllen.

Fischarten

Im folgenden sind einige Arten beschrieben, die sich zumindest in gewisser Weise für einen Miniatur-Wassergarten eignen.

Goldfisch *(Carassius auratus auratus)*. Einer der bekanntesten Teichfische ist wohl der Goldfisch. Die Stammform ist die Silberkarausche, eine aus Asien eingebürgerte Art. Der Goldfisch ist relativ zäh und einfach zu halten, wächst aber schnell und vermehrt sich fleißig. Er frißt sowohl pflanzliche als auch tierische Nahrung und sucht sich diese am liebsten im schlammigen Bodengrund. Da er viel im Schlamm wühlt, muß man sich nicht wundern, wenn das Wasser meistens trüb ist. Außerdem frißt der Goldfisch gerne junge Pflanzenteile, was in einem größeren Teich nicht auffällt, in einem kleinen Becken aber zum Kahlschlag führen kann. Goldfische werden wegen ihrer attraktiven Farbe am meisten gekauft. Ihr Vorteil ist, daß sie auch höhere Wassertemperaturen vertragen. Durch ihre Unkompliziertheit haben sie wohl die größten Überlebenschancen in einem kleinen Wassergarten. Am besten setzen Sie höchstens drei, maximal 5 cm große Tiere in Ihr Becken ein. Bitte lassen Sie die Finger von den vielen Zuchtformen des Goldfisches. Sie sind im allgemeinen empfindlicher als der einfache Goldfisch und würden die schwierigen Bedingungen in einem derart kleinen Freilandbecken nicht überleben.

Goldorfe *(Leuciscus idus)*. Als Bewohner eines kleinen Teichs hat die Goldorfe nicht die unangenehme Eigenschaft der Goldfische, im Boden zu gründeln. Goldorfen sind Insektenfresser. Sie leben vorwiegend räuberisch und verschmähen auch kleine Fische nicht, was ihre Vermehrungsrate sehr in Grenzen hält. Sie eignen sich hervorragend zur Mückenbekämpfung, da sie sowohl die Larven als auch die anfliegenden Insekten vertilgen. Das Rot der Goldorfe ist heller als das des Goldfisches, und der Bauch glänzt silbrig. Von oben betrachtet wirkt der Körper schmaler. Goldorfen sind Schwarmfische, das heißt, sie müssen mindestens zu dritt in einem Becken sein. Wassertemperaturen über 20 °C vertragen sie nicht. Da kleine Becken normalerweise nicht so tief sind, daß die Fische sich in kühlere Zonen zurückziehen könnten, muß in ihrem Fall ganz besonders auf eine Schattierung des Wassers geachtet werden.

Bitterling *(Rhodeus sericeus amarus)*. Auch der wegen seines ungewöhnlichen Fortpflanzungsverhaltens bekannte Bitterling kann in kleine Becken eingesetzt werden. Sein Körper ist hochrückig, seitlich abgeplattet und trägt eine blaugrün schillernde Längsbinde von der Körpermitte bis zur Schwanzflosse. Der Fisch wird ungefähr 5 bis 8 cm groß. Das Besondere ist, daß er sich nur vermehren kann, wenn im gleichen Gewässer auch Süßwasser-

muscheln leben. Das Weibchen legt die Eier mit einer Legeröhre in einer Teichmuschel ab. In ihr wachsen die jungen Fische gut geschützt heran. Wenn sie groß genug sind, stößt die Muschel sie mit dem Atemwasser aus. Der Bitterling ist recht anspruchslos. Seine Nahrung besteht vorwiegend aus Pflanzenteilen und Plankton, aber auch Insektenlarven. Außerdem ist er unempfindlicher gegen Temperaturschwankungen. Selbstverständlich müssen Sie dennoch darauf achten, daß das Wasser nicht zu warm wird. Auch Bitterlinge sind Schwarmfische, man muß also mindestens drei bis vier Tiere zusammen einsetzen.

Elritze *(Phoxinus phoxinus)*. Elritzen sind muntere und recht genügsame Schwarmfische. Aufgrund ihrer Größe von höchstens 10 cm würden sie sich gut für kleine Wassergärten eignen. Leider vertragen sie warmes Wasser noch weniger als andere Arten und leiden schnell an Sauerstoffmangel. Elritzen darf man also wirklich nur in entsprechend tiefen und beschatte-

ten Gefäßen halten. Sie ernähren sich von Insekten und deren Larven.

Stichling *(Gasterosteus aculeatus, Pungitius pungitius)*. Ein sehr interessanter Fisch ist der Drei- beziehungsweise Neunstachlige Stichling. Er ist ein Raubfisch, der sein Revier gegen alle Eindringlinge verteidigt. Am besten setzen Sie in Ihren Miniteich nur ein Pärchen, oder ein Männchen und zwei Weibchen ein. Vielleicht haben Sie Glück und können die aufregende Brutpflege dieser kleinen Fische beobachten. Die Stichlingsmännchen färben sich zur Laichzeit leuchtendrot auf der Unterseite, blau auf der Oberseite. Aus Pflanzenteilen bauen sie ein Nest, in das das Weibchen die Eier ablegt. Um die Brutpflege kümmert sich allein das Männchen, das seine Jungen sogar im Maul trägt. Sind die Kleinen groß genug, verlassen sie das Nest. Im gegebenen Fall wäre es angebracht, den Nachwuchs herauszufangen und entweder in einem eigenen Gefäß unterzubringen oder ihn zu verschenken. Da so ein Miniatur-Gewässer zu klein für

71

mehrere Paare ist, würden sie sich gegenseitig auffressen. Stichlinge, die ihre Beinamen nach der Anzahl der aufrichtbaren Stacheln auf dem Rücken haben, sind im allgemeinen anspruchslos, doch gilt auch für sie: sie brauchen kühles Wasser!

Moderlieschen *(Leucaspius delineatus).* Zu den Weißfischen gehört das Moderlieschen, ein geselliger Fisch, der nahe der Wasseroberfläche lebt und dichten Pflanzenbewuchs bevorzugt. Das Weibchen legt seine Eier an den Stengeln von Wasserpflanzen ab, wo sie vom Männchen bewacht werden. Diesen Fisch kennzeichnet besonders die steil nach oben gerichtete Mundspalte und ein bläulicher Längsstreifen. Er wird maximal 10 cm groß, frißt Insekten, Larven und Schwebalgen und fühlt sich auch in kleineren Teichen wohl. Allerdings sollten Sie bedenken, daß auch ein kleiner Schwarm Moderlieschen eine gewisse Fläche zum Schwimmen benötigt.

Kardinalfisch *(Tanichthys albonubes).* Ein bunter Vertreter aus Asien, der bei uns häufig als Warmwasserfisch gehalten wird. Er findet sich aber auch im Kaltwasser zurecht, vorausgesetzt, er wird im Haus überwintert. Es handelt sich um eine kleine Fischart. Den schlanken Körper entlang zieht sich ein grünblauer Seitenstreifen, After- und Rückenflosse sind rot. Der Kardinalfisch eignet sich recht gut für kleine Becken. Aufgrund seiner Herkunft verträgt er auch wärmeres Wasser, doch muß immer genügend Sauerstoff vorhanden sein. Diese Art muß man unbedingt allein halten, da sie mit Konkurrenz nur schwer gedeiht.

Ungeeignete Fischarten. Unbedingt verzichten sollten Sie auf alle größeren Karpfenfische wie Karpfen, Karauschen und Rotaugen. Sie werden einfach zu groß und fressen in kürzester Zeit alle Wasserpflanzen. Auch wenn dem Graskarpfen *(Ctenopharyngodon idella)* der Ruf vorauseilt, er fresse Algen, so tut er dies aus unserer Erfahrung erst, nachdem er alle zarten Teile der Wasserpflanzen verspeist hat. Wie dem auch sei, Graskarpfen benötigen größere Teiche und haben in einem Faß oder einer Wanne nichts verloren. Auch von den wunderschönen Japanischen Kois *(Cyprinus carpio)* sollten Sie sich nicht betören lassen. Sie brauchen viel Platz und wollen wachsen. Außerdem sind sie teuer, und es wäre schade, wenn sie aufgrund von Haltungsfehlern eingehen würden.

Ebensowenig ist es zu empfehlen, Raubfische, wie zum Beispiel Barsche, einzusetzen. Sie brauchen Lebendfutter (zum Beispiel Jungfische) und sind außerdem recht empfindlich.

Muscheln, Schnecken und Krebse

Es muß ja nicht immer ein Fisch sein, wenn Sie etwas Kleingetier in Ihrem Becken haben möchen. Wollen Sie nicht warten, bis sich Besucher bei Ihnen einfinden, können Sie durchaus auch andere Tierarten einsetzen.

Teichmuschel *(Anodonta cygnaea).* So ist die Teichmuschel eine interessante Alternative. Sie hat eine länglich-eiförmige Schale und kann eine Größe von bis zu 20 cm erreichen. Während man bei einem großen Teich nur geringe Chancen hat, die eingesetzten Muscheln jemals wieder zu sehen, kann man sie in kleinen und flacheren Becken genau beobachten. Am besten legen Sie die Muschel auf ein Sandbett, in das sie sich von Zeit zu Zeit eingraben kann. Ansonsten wird sie mit stoischer Langsamkeit ihrer Wege über die Sandoberfläche ziehen. Sie drückt sich dabei mit ihrem Fuß allmählich vorwärts. Muscheln filtern das Teichwasser und tragen so zur Selbstreinigung bei. Dies bedeutet allerdings, daß sie eine ausreichend große Wassermenge benötigen. Es sollte schon eine Mörtelwanne oder ein größerer Kübel sein. Auch für Muscheln gilt, daß das Wasser nicht zu warm werden darf. Geben Sie ab und zu Frischwasser hinzu. Außerdem sind Teichmuscheln die Wiege für die Brut der Bitterlinge (siehe Seite 70f.), was Ihnen weitere interessante Beobachtungen ermöglicht.

Wenn Sie Ihre Wasserpflanzen in einer Spezialgärtnerei erworben haben, in der die Pflanzen in Becken und kleinen Teichen wachsen und nicht in Töpfe gepreßt in Kunststoffkisten dahinkümmern, werden Sie an den Stengeln oder den Blattunterseiten der Schwimmblattpflanzen häufig einen durchsichtigen, gallertartigen Glibber entdecken. Das ist keine Krankheit, sondern Schneckenlaich, den Sie nicht entfernen sollten. Wasserschnecken (keine Angst, sie verlassen das Gefäß nicht!) sind wichtige Teichbewohner und und auch für Minibecken sinnvoll. Sie fressen zum Beispiel Fadenalgen und »putzen« die Ränder des Kübels. Wenn Sie nicht bereits mit den Pflanzen welche eingeschleppt haben, so können Sie Schnekken in Wasserpflanzengärtnereien auch kaufen. Im Winter können die Schnecken sogar im Schlamm einfrieren. Werden sie im Haus überwintert, dann geben Sie sie in einen Kübel mit Wasser und einigen Unterwasserpflanzen.

Spitzschlammschnecke *(Lymnaea stagnalis).* Sie ist für kleine Becken nur bedingt geeignet. Die Spitzschlammschnecke kann bis zu 6 cm groß werden, vermehrt sich stark und frißt dann ab und zu auch Wasserpflanzen. Allerdings ist sie auch der beste Algenvertilger. In jedem Fall reichen drei bis vier Exemplare für einen Miniteich aus. Die Spitzschlammschnecke ist ein Lungenatmer, weshalb sie unter der Wasseroberfläche wie an einer Glasscheibe entlangkriecht, um Sauerstoff aufzunehmen.

Posthornschnecke *(Planorbarius corneus)* und **Flache Tellerschnecke** *(Planorbis planorbis).* Diese beiden Schnecken sind nicht ganz so effektiv, für einen Miniatur-Wassergarten aber empfehlenswerter als die Spitzschlammschnecke. Auch sie sind Wasserlungenschnecken. Die Posthornschnecke hat ein hornähnliches, dunkel- bis rotbraunes Gehäuse, das einen Durchmesser von etwa 3 cm erreichen kann. Kleiner und flacher ist das Haus der Tellerschnecke. Beide vergreifen sich kaum an Wasserpflanzen und sollten in keinem Becken fehlen.

Sumpfdeckelschnecke *(Viviparus viviparus)*. Diese lebendgebärende Schnekkenart ist eine biologische Besonderheit. Die Jungen wachsen im Körper des Muttertieres heran. Wenn sie geboren werden, sind es fertige kleine Schnecken mit Gehäuse. So vermehren sie sich natürlich weniger stark als eierlegende Arten, was ja für Ihren Miniteich günstig ist.

Die Form des Gehäuses erinnert entfernt an eine Weinbergschnecke. Auf dem Fuß sitzt ein Deckel, mit dem das Haus verschlossen werden kann und der dieser Schnecke ihren deutschen Namen gab.

Wenn Sie Wert darauf legen, ein Pärchen zu erwerben, achten Sie auf die Länge der Fühler. Beim Weibchen sind sie gleich lang. Dies läßt sich am ehesten feststellen, wenn man eine Schnecke aus dem Wasser herausnimmt. Doch müssen Sie schnell hinschauen, weil sie bemüht sein wird, ihr Haus möglichst rasch mit dem Deckel zu verschließen.

Krebse *(Astacus*-Arten). Auch wenn es noch so verlockend ist, Krebse sollten sie nicht in Ihren Kübel einsetzen. Diese schönen und interessanten Wasserbewohner brauchen viel Platz, Versteckmöglichkeiten und erstaunlich viel Lebendfutter wie Würmer, Fische und Schnecken. Flußkrebse benötigen außerdem möglichst fließendes Wasser. Sollte ein Krebs die Bedingungen in einem kleinen Gefäß überstehen, so wird er dennoch bald das Weite suchen und auf Wanderschaft gehen. Findet er nicht rechtzeitig ein anderes Gewässer, so vertrocknet er rasch. Verzichten Sie bitte auf ein solches Experiment!

Wasserfloh *(Cladocera*-Arten). Einen anderen »Krebs« können und sollten Sie sogar in großer Stückzahl in den Miniteich geben: den zur Klasse der Krebse gehörigen, etwa 1 mm großen Wasserfloh. Wasserflöhe bewegen sich mit ruckartigen Bewegungen im Wasser und ernähren sich von Schwebalgen und Bakterien. Auf diese Weise helfen sie mit, das Teichwasser zu filtern und zu klären. Sollten Sie Fische in Ihrem Becken haben, so werden die Wasserflöhe wohl mehr als Fischfutter denn der Algenbekämpfung dienen.

Teichgäste

Außer den Tieren, die man im Fachhandel kaufen kann, gibt es noch eine Menge Kleingetier, das von selbst zuwandert. Es werden sich sowohl erwünschte als auch weniger beliebte Gäste einfinden. Sie werden staunen, welche Anziehungskraft selbst ein Kleinstwassergarten auf die Tierwelt ausübt. Entscheidend ist natürlich die Wohnlage. Auf einem Balkon im dritten Stock können Sie kaum mit dem Besuch eines Wasserfrosches rechnen. Ebensowenig werden Molche oder Igel bei Ihnen vorbeikommen, wenn Ihr Garten rundherum von stark befahrenen Straßen umgeben ist. Durchaus möglich ist, daß Vögel zum Baden und Trinken herbeifliegen und Libellen ihre schwirrenden Bahnen ziehen.

Auf jeden Fall müssen Sie Geduld haben. Es dauert eine Zeit, bis sich das neue Gewässer herumgesprochen hat. Sollte es nicht so klappen, wie Sie es sich vorgestellt haben, so müssen Sie dies akzeptieren. Versuchen Sie auf gar keinen Fall, Tiere aus der Natur zu entnehmen. Zum einen sollte man das aus Gründen des Naturschutzes nicht tun, zum anderen den Tieren zuliebe nicht. Gerade Frösche haben den Drang, zu ihrem Geburtsgewässer zurückzukehren, so daß sie schnell wieder abwandern und auf der Straße überfahren werden.

Sie dürfen nicht zuviel erwarten. Ökologisch gesehen hat so ein kleines Wasserbecken kaum Bedeutung. Es kann kein Biotop im eigentlichen Sinne werden, und die Chancen, daß ein Frosch darin laicht, sind gering. Es kann aber zur Zwischenstation für Tierarten werden, die vielleicht auf dem Weg zu einem größeren Teich sind.

Damit das Vergnügen auf allen Seiten ungetrübt bleibt, müssen Sie ein paar Grundregeln beachten. Sie beziehen sich vorwiegend auf Miniteiche im Garten.

Gefäße, die in den Boden eingelassen sind, können manchem Teichbesucher durchaus Probleme bereiten. Da Fässer, Wannen und Betonringe steil abfallende

Ins Erdreich einge-
grabene Wanne,
umgeben von
Gräsern, Farnen
und dekorativen
Blattstauden, mit
einem Ausstieg für
Amphibien

Wände haben und nicht, wie zum Beispiel ein Folienteich, flach auslaufende Ufer, können sie leicht zur Tierfalle werden. Igel, Kröten und Frösche rutschen an den glatten Wänden ab und schaffen es nicht, wieder aufs Trockene zu gelangen. Abhelfen kann man diesem Problem, indem man zum einen darauf achtet, daß der Wasserspiegel immer möglichst hoch am oberen Beckenrand ist. Zum anderen kann man mit Steinen, Holz- oder Rindenstückchen Ausstiegsmöglichkeiten schaffen.

Soll der Miniteich vorwiegend als Vogeltränke dienen, muß er eine geschützte Lage haben. Andererseits dürfen keine Sträucher in unmittelbarer Nähe stehen, da sie ein gutes Versteck für Katzen sind.

Für Frösche, Unken, Kröten und auch Igel ist es wichtig, Unterschlupfmöglichkeiten in der Nähe des Wassers einzurichten. Hierzu eignen sich aufeinandergeschichtete Steine und bizarre Wurzelstökke ebenso wie Laub- und Reisighaufen.

Auf einem englischen Rasen, bestückt mit ein paar Koniferen, werden sich weder Amphibien noch andere Kleintiere einfinden.

Anders liegen die Dinge, wenn der Wasserkübel vorwiegend Kinderstube für Kaulquappen oder Jungfische sein soll, die man vor den gefräßigen Mäulern der Altfische schützen und später, wenn sie groß genug sind, wieder in einen größeren Teich umsetzen will. Hier dient das Becken weniger Zier- als Gebrauchszwecken, und wichtiger als die Gestaltung der Umgebung ist ein kühler, geschützter Platz. Vor allem muß ein solcher Kübel mit einem Netz oder ähnlichem abgedeckt werden, um ihn vor Vögeln zu schützen, für die Kaulquappen und kleine Fische ein Lekkerbissen sind.

Insekten

Rückenschwimmer *(Notonecta glauca)* und **Wasserläufer** *(Gerris lacustris).* Diese zwei räuberischen Wanzenarten, die sich von kleinen Insekten und Mückenlarven ernähren, werden sich mit hoher Wahrscheinlichkeit bald von selbst einfinden. Der Rückenschwimmer schwimmt, wie der Name schon sagt, auf dem Rücken. Mit dem Hinterleib holt er Luft, so daß es aussieht, als ob er unter der Wasseroberfläche hängen würde. Er ergreift seine Beute mit den Vorderbeinen und saugt sie aus. Manchmal erlegt er auch Jungfische. Wasserläufer dagegen flitzen über das Wasser, indem sie die Oberflächenspannung ausnutzen. Bauch und Beine sind von wasserabstoßenden Härchen bedeckt, so daß sie sich trockenen Fußes fortbewegen können.

Libellen. Einen bezaubernden Anblick bieten die grazilen Libellen, die, in vielen Farben schillernd und leise schwirrend, bald ihre Runden auch über dem kleinsten Wasser drehen. Sie werden fasziniert sein von ihren geschickten Flugmanövern, mit denen sie ihre Beute jagen. Libellen legen ihre Eier an Wasserpflanzenstengeln ab. Aus ihnen schlüpfen graubraune, etwas plumpe, räuberische Larven, die ausschließlich im Wasser leben. Libellenlarven haben eine Fangmaske, mit der sie blitzschnell ihre Beute ergreifen können. Selbst kleine Fische und Kaulquappen sind vor ihnen nicht sicher. Im Frühling klettern die Larven an Pflanzenstengeln aus dem Wasser empor, die Rückenhaut platzt auf, und eine schillernde Libelle zwängt sich ins Freie. Zuerst sind die zarten, silbrigglänzenden Flügel noch zusammengelegt. Es dauert ein paar Stunden, bis sie sich völlig entfaltet haben, und die Libelle zu ihrem ersten Flug starten kann. Diese relativ lange Zeitspanne ermöglicht es uns, diesen faszinierenden Vorgang genau zu beobachten.

Gelbrandkäfer *(Dytiscus marginalis).* Bei nahezu allen Teichfreunden berühmt-berüchtigt ist der Gelbrandkäfer. Es handelt sich um einen hübschen, etwa 3 cm gro-

abhalten, Terrasse oder Garten durch Wasser zu beleben. Dabei werden Mücken nur selten zu einem wirklichen Problem. Die Larven leben an der Wasseroberfläche. Dort sind sie eine leichte Beute für räuberische Insekten und Fische (zum Beispiel Goldorfen). Außerdem gibt es eine fleischfressende Pflanze, den Wasserschlauch (siehe Seite 42ff.), der sich auch in kleinen Becken wohlfühlt. Dieses zarte Gewächs ernährt sich vorwiegend von Mückenlarven. Lästig können Stechmücken werden, wenn Sie ein unbepflanztes Gefäß, zum Beispiel eine Regentonne, aufstellen. Dies ist ein geradezu optimaler Brutplatz für Mücken, da dort keine natürlichen Feinde auftreten. Eine Lösung wäre es, die Regentonne mit einem Deckel zu versehen, der nur eine Aussparung für das Abflußrohr hat.

Aus der plumpen Larve schlüpft eine wunderschöne, schillernde Libelle.

Linke Seite oben: Der Rückenschwimmer, eine räuberische Wanzenart, die sich von Mückenlarven ernährt.

Linke Seite unten: Die Libellenlarven ergreifen mit einer Fangmaske blitzschnell ihre Beute.

Amphibien

Von vielen erwünscht, von manchen wegen ihres Quakens gefürchtet sind Frösche. Sollte sich tatsächlich ein Frosch an Ihrem Tümpelchen einfinden, so freuen Sie sich darüber! Es sind liebenswerte, harmlose Tiere, die das Gewässer gleich viel lebendiger werden lassen. Außerdem quaken sie nur während ihrer Laichzeit heftig und ausdauernd. Am Anfang wird jeder Frosch sofort platschend ins Wasser springen, wenn sich jemand nähert. Mit der Zeit erkennt er jedoch »seine Leute«, er bleibt am Beckenrand sitzen und beäugt sie genau.

Sollten eines Tages Frösche bei Ihnen gelaicht haben und plötzlich eine Menge Kaulquappen herumpaddeln, so machen Sie sich keine Sorgen: Solche Kleinstgewässer werden nie von einer Unzahl von Fröschen bevölkert. Die Regelmechanismen der Natur sorgen dafür, daß höchstens ein oder zwei Tiere übrigbleiben. In den meisten Fällen wird es aber so sein, daß »Ihr« Frosch abwandert auf der Suche nach einem Partner oder einem größeren Gewässer.

Wasserfrosch *(Rana esculenta)* und

ßen, olivbraunen Käfer mit gelbem Flügelrand. Sowohl er als auch seine Larve sind außergewöhnlich gefräßig und verschlingen alles, was sich bewegt und eine annehmbare Größe hat. Gelbrandkäferlarven spritzen ein Verdauungssekret in ihr Opfer und saugen es dann aus. Sie können den Kaulquappen- und Jungfischbestand in einem Wasserbecken erheblich reduzieren und fallen auch über ihre eigenen Artgenossen her. Sollte sich ein Gelbrandkäfer in Ihrem Miniteich einfinden und Sie haben weder Fische noch Kaulquappen darin, so lassen Sie ihn gewähren. Er kann ja keinen großen Schaden anrichten und bringt Leben in das kleine Gewässer. Wenn es Ihnen doch zu viel wird, dann fangen Sie die Tiere und setzen sie in der Natur aus.

Stechmücke *(Culex pipiens)*. Jedermann, der ein Gewässer im Garten, auf Balkon oder Terrasse hat, sei es nun eine Regentonne, ein Faß oder ein Gartenteich, fürchtet die Mücken. Ja mancher läßt sich sogar aus Angst vor einer Mückenplage davon

Wasserfrosch-
pärchen in der
Laichzeit

Rechte Seite: Der
Laubfrosch wohnt
in Sträuchern und
Bäumen, er geht
nur zum Laichen
ins Wasser.

Grasfrosch *(Rana temporaria).* Sie sind die beiden Froscharten, die man bei uns im wesentlichen antrifft. Während der grüne Wasserfrosch standorttreu ist und ständig im Teich lebt, kommt der braune Grasfrosch nur zum Laichen ans Wasser und zieht sich dann wieder aufs Land zurück. Beide Arten ernähren sich von Würmern und anderen Kleintieren und tragen dazu bei, daß Schadinsekten nicht überhandnehmen. Da Wasserfrösche eine angemessene Wasseroberfläche zum Schwimmen benötigen und außerdem im Teichschlamm überwintern, werden sie in einem Miniatur-Wassergarten kaum akzeptable Bedingungen vorfinden. Die Chancen sind daher größer, daß Sie Besuch von einem Grasfrosch erhalten.

Laubfrosch *(Hyla arborea).* Der Laubfrosch ist in manchen Gegenden leider schon ausgestorben, in anderen erfreulicherweise noch recht zahlreich. Er ist ein besonders hübsches Tier, giftgrün und höchstens 5 cm groß. Auch er geht nur zum Laichen ins Wasser. Die übrige Zeit wohnt er meist in Bäumen und Sträuchern, in denen er mit Hilfe der Saugnäpfe an seinen Füßen hervorragend herumklet-

tern kann. Oft sitzt er völlig reglos auf einem Ast, so daß man schon sehr genau hinsehen muß, um ihn zu entdecken. Überhören werden Sie ihn auf keinen Fall. Obwohl er der kleinste einheimische Frosch ist, quakt er am lautesten und besonders ausdauernd. Sollten Sie oder Ihre Nachbarn dies weniger romantisch als nervenaufreibend empfinden, der Laubfrosch läßt sich leicht fangen. Aber sperren Sie den kleinen Kerl bitte nicht als Wetterfrosch in ein Glas, sondern setzen Sie ihn an einer Stelle aus, an der er überleben kann. Wassernähe und dichtes Gebüsch (zum Beispiel Brombeeren) sind unbedingte Voraussetzung für das Überleben dieser bedrohten Art! Außerdem sollten Sie die Tiere weit genug fortbringen. Sonst ergeht es Ihnen wie den Leuten, die ein Laubfroschpärchen an einem Flußufer in der Nähe aussetzten: Nach zwei Tagen waren sie wieder da!

Erdkröte *(Bufo bufo).* Häufig findet man in unseren Gärten die Erdkröte. Obwohl sie ein sehr nützlicher Ungeziefervertilger ist und zum Beispiel gerne Nacktschnecken frißt, ist sie nicht sonderlich beliebt. Zum einen liegt das an dem giftigen Sekret, das sie bei Gefahr absondert, zum anderen wohl an ihrem »Fluchtverhalten«. Sie springt nicht fort, wenn man ihr zu nahe kommt, sondern bleibt regungslos sitzen, so daß man sie oft erst im letzten Moment sieht. Da man aber mit Kröten gewöhnlich nicht herumspielt, sondern sie als nützlichen Gartenbewohner in Ruhe läßt, sollten wir uns freuen, wenn wir sie bei uns antreffen. Auch Kröten benötigen Wasser zur Eiablage. Ihr Hochzeitskonzert ist dezenter und kürzer als das der Frösche.

Damit sich **Rot-** oder **Gelbbauchunken** *(Bombina bombina* beziehungsweise *B. variegata)* und **Molche** wie Teichmolch *(Triturus vulgaris),* Kammolch *(T. cristatus)* oder der Bergmolch *(T. alpestris)* einfinden können, müssen Sie schon in einer Gegend wohnen, in der diese Tiere heimisch sind. Wie für alle anderen Tierarten gilt auch für Unken: Fangen Sie nie welche aus der Natur! Wenn sie nicht von selbst zuwandern, hat es seine Gründe, und die

Der Seerosenblatt-
käfer schädigt die
Blätter von See-
rosen und anderen
Schwimmblatt-
pflanzen.

sollte man akzeptieren. Teichmolche kann man, sofern man sie im Fachhandel erhält (und nur dann!), auch in ein kleines Bekken einsetzen. Sie sind recht anspruchslos und bevorzugen kleine, flache und bewachsene Tümpel ohne Fischbesatz zur Aufzucht ihrer Nachkommen.

Enten

Zu guter Letzt seien noch die possierlichen Enten erwähnt, die in manchen Großstädten bereits zur Plage werden, da sie überall auftauchen, wo eine Wasserfläche vorhanden ist oder entsteht. Sie schaffen es in kurzer Zeit, einen Gartenteich fast völlig kahl zu fressen und durch ihre Exkremente erheblich zu verschmutzen. Da die Wasserfläche eines kleinen Zierbeckens zu wenig Platz zum Landen bietet, werden sich bei Ihnen kaum von allein Enten einfinden. Seien Sie vernünftig, und lassen Sie selbst die Finger davon. Wollen Sie unbedingt ein paar Enten durch Ihren Garten watscheln sehen, müssen Sie ihnen ein eigenes Wasserbecken zur Verfügung stellen und sie am besten mit einem Gehege einzäunen. Ansonsten werden sie sich genüßlich an

den zarten Trieben der Wasserpflanzen gütlich tun.

Schädlinge

Im allgemeinen werden Wasserpflanzen weniger von Schädlingen befallen als Landpflanzen. Außerdem werden die Pflanzen in den meisten Fällen nur beschädigt und nicht zerstört. Tierische Schädlinge finden sich entweder von selbst ein oder werden mit den Pflanzen eingeschleppt.

In einem Kleinstwassergarten sind vor allem zwei Aspekte von Bedeutung. Zum einen besteht kein biologisches Gleichgewicht, welches in einem größeren Teich das Überhandnehmen eines bestimmten Schädlings im Regelfall verhindert. Sie müssen daher selbst einschreiten. Zum anderen ist es bei einer so kleinen Wasserfläche kein Problem, die Schädlinge regelmäßig abzusammeln und in Schach zu halten oder ganz loszuwerden. Auf gar keinen Fall sollten Sie chemische Mittel zur Bekämpfung verwenden. Schon in einem großen Teich ist dies eine sehr problematische Maßnahme. In Ihrem kleinen Wasserbecken aber gefährden Sie mit Sicherheit die gesamt (Mikro-) Fauna. Außerdem hieße es, mit Kanonen auf Spatzen zu schießen.

Köcherfliege *(Sericostoma personatum)*. Die Köcherfliege beziehungsweise ihre Larve ist ein unliebsamer Gast in jedem Gartenteich. Zum Schutz gegen ihre Feinde umhüllen sich die Larven mit einem Köcher aus kleinen Ästchen, Steinchen und Blattstücken. Es sieht sehr erstaunlich aus, wenn man plötzlich kleine Stöcke oder Steine entdeckt, die über den Teichboden wandern. Leider ist die Köcherfliegenlarve ein unangenehmer Pflanzenschädling. Meist an der Blattunterseite hängend, frißt sie Löcher in die Schwimmblätter. Es werden aber auch Unterwasserpflanzen angefressen, und sogar der junge Austrieb von Seerosen kann derart geschädigt werden, daß die Pflanze nur noch vor sich hin kümmert. Dann hilft nur sorgfältiges Absammeln der Larven, was in einem kleinen Becken leicht durchführbar ist.

Seerosenblattkäfer *(Alerncella nymphaeae)*. Relativ häufig trifft man den Seerosenblattkäfer. Der kleine braune Käfer legt seine Eier auf den Blattoberseiten von Seerosen und anderen Schwimmblattpflanzen ab. Sowohl er selbst als auch die schwarzen Larven schädigen Blätter und Blüten durch Loch- und Schabefraß. Der Käfer überwintert in den Stengeln von Waldgeißbart *(Aruncus sylvestris)* und anderen Uferpflanzen. Am besten suchen Sie neu gekaufte Pflanzen nach diesen Tierchen ab, da sie meist mit ihnen eingeschleppt werden. Im allgemeinen kann man die Käfer und ihre Larven durch Absammeln gut in den Griff bekommen.

Seerosenzünzler *(Nausinoe nymphaeata)*. Dieses mottenähnliche Insekt zählt ebenfalls zu den Schädlingen an Wasserpflanzen. Die Larven schneiden aus den Blättern schildförmig-ovale Stücke heraus und spinnen sich in je zwei Blattstücke ein. Dort bleiben sie auch zur Verpuppung. Außer Seerosen werden auch andere Schwimmblattpflanzen wie Froschbiß, Seekanne, Schwimmendes Laichkraut und Wasserähre befallen.

Seerosenblattlaus *(Rhopalosiphum nymphaeae)*. Sie tritt häufig auf den Blattoberseiten von Seerosen beziehungsweise an den Blättern anderer Wasserpflanzen, die über den Wasserspiegel hinausragen, auf. Lassen Sie sich auch in diesem Fall nicht dazu hinreißen, während Sie Ihre Rosen spritzen (was Sie auch lieber lassen und statt dessen Lavendel dazwischen pflanzen sollten), das Wasserbecken mitzuspritzen. Das Pflanzenschutzmittel gelangt sicher ins Wasser und zerstört auf längere Zeit alles tierische Leben darin. Spülen Sie die Läuse lieber mit einem starken Wasserstrahl von den Pflanzen ab. Auf der Wasseroberfläche schwimmend kann man sie leicht abschöpfen, oder aber sie werden von räuberischen Insekten gefressen.

Die Überwinterung

Für die Überwinterung eines Miniatur-Wassergartens gibt es im wesentlichen zwei verschiedene Möglichkeiten: Sie können ihn draußen an Ort und Stelle überwintern oder im Haus. Dies hängt jedoch nur bedingt davon ab, was Ihnen selbst am liebsten ist. Vielmehr fällt die Entscheidung darüber im Grunde schon bei der Auswahl von Gefäß und Pflanzen. Wenn Sie sich zu diesem Zeitpunkt keine Gedanken zur Überwinterung gemacht haben, oder bewußt Ihr Becken mit tropischen Pflanzen bestückt haben, so müssen Sie sich nun den Gegebenheiten anpassen. Es sei denn, es macht Ihnen nichts aus, daß Sie jedes Frühjahr Pflanzen und eventuell sogar den Kübel neu erwerben müssen. Sollten Sie in einem Gebiet mit sehr milden klimatischen Bedingungen leben, in dem es nur selten friert, so brauchen Sie sich bezüglich der Überwinterung nicht den Kopf zu zerbrechen.

Wenn Wasser gefriert, dehnt es sich aus. Dieser Eisdruck kann so stark werden, daß dadurch Gefäße aus bestimmten Materialien zerspringen. Dies trifft auf Behälter aus Keramik, Beton, Stein und auch Holz zu, um so mehr, wenn sie steile und gerade Wände haben. Es gilt im allgemeinen nicht für Kunststoffgefäße, Fertigteiche und Folien. In den meisten Fällen sind diese Materialien nicht völlig starr, so daß sie dem Eisdruck etwas nachgeben können. Auch verlaufen die Wände häufig schräg nach außen, was dem Eis ermöglicht, sich besser auszudehnen. Solche Gefäße kann man in der Regel den Winter über draußen lassen, erst recht, wenn sie ins Erdreich eingelassen sind.

Nun kommt es auf die Auswahl der Pflanzen an, ob Sie das Becken so belassen können, wie es ist, oder zumindest einen Teil der Pflanzen ins Haus nehmen müssen. Alle einheimischen Sumpf- und Wasserpflanzen sind winterhart. Das bedeutet, daß sie bis zu den Wurzeln durchfrieren können, ohne Schaden zu erleiden. So können sie zum Beispiel einen als Sumpfbeet bepflanzten Blumenkasten an Ort und Stelle belassen. Unbedingt im Haus überwintert werden müssen dagegen Seerosen und alle tropischen, beziehungsweise nicht frostharten Arten wie Wasserhyazinthe, Muschelblume, Feenmoos oder Brasilianisches Tausendblatt.

Ein kleines Gewässer im Garten bietet auch im Winter einen hübschen Anblick.

Winterschutz im Freien

Auch ein frosthartes Wasserbecken muß
für den Winter vorbereitet werden. So sollten Sie im Spätherbst, spätestens wenn die
Wassertemperatur regelmäßig unter 13 °
C fällt, die Fische herausfangen und in einem Aquarium oder einer Wanne im Haus
unterbringen (siehe Seite 70). Bei diesen
geringen Temperaturen nehmen die Tiere
kein Futter mehr auf und bereiten sich auf
die Winterruhe vor. Abgestorbene Pflanzenteile müssen aus dem Wasser gefischt
werden, damit unter der Eisdecke keine
Faulgase entstehen können. Nicht abschneiden sollten Sie abgestorbene Halme, zum Beispiel von Rohrkolben, Iris und
Binsen, die über die Wasseroberfläche hinausragen. Sie ermöglichen einen Luftaus-
tausch durch die Eisdecke hindurch, was
zusätzlichen Sauerstoff bringt.

Selbstverständlich muß jede Pumpe,
die einen kleinen Bachlauf oder einen
Wasserspeier plätschern läßt, ausgeschal-
tet und über den Winter herausgenom-
men werden. Am besten legen Sie die
Pumpe in einen Eimer mit Wasser in den
Keller oder schlagen sie in ein ölhaltiges

Tuch ein. Dies hat den Sinn, daß die Dich-
tungsringe nicht austrocknen und porös
werden.

Wasserschnecken überwintern im
Schlamm. Ich habe die Erfahrung gemacht, daß sie dort sogar einfrieren können, ohne zu sterben. Wenn Ihnen diese
Methode zu riskant erscheint, so können
Sie einige Exemplare herausfangen und in
einem Eimer voll Wasser in den Keller stellen. Sie sollten etwas Erde und ein paar Unterwasserpflanzen mit hineingeben.

Durchaus hilfreich ist die Abdeckung eines Wasserbeckens mit Luftpolsterfolie.
Sie verhindert, daß die Eisschicht zu dick
wird, eventuell friert so das Gefäß nicht
völlig durch. Allerdings darf man den Kübel nicht ganz in Folie einwickeln und somit hermetisch abschließen, da dann der
unbedingt notwendige Gasaustausch
nicht mehr stattfinden kann.

Besonders sorgfältige Leute können ihren kleinen Teich auch mit Fensterglas
oder anderem lichtdurchlässigen Material, zum Beispiel Plexiglas, abdecken, ähnlich einem Frühbeet. Zum einen isoliert
diese Abdeckung das Becken, zum anderen wird jeder Sonnenstrahl für die Pflan-

zen genutzt. Auch hierbei ist es wichtig, daß eine Entlüftung vorhanden ist. Dies läßt sich leicht verwirklichen, indem man die Scheibe etwas schräg anbringt, zum Beispiel durch Unterlegen von Steinen. So können auch Regen und Schwitzwasser besser ablaufen.

Wollen Sie sich diese Mühe zum Schutze Ihres Beckens machen, wäre es sinnvoll, ein freistehendes Gefäß zusätzlich zu diesen Maßnahmen auch von den Seiten her zu isolieren. Dies erreichen Sie am einfachsten durch eine Laubaufschüttung. Sie muß beschwert werden, damit sie nicht beim ersten Wind wegfliegt. Eine weitere Möglichkeit wäre das Umwickeln der Seitenwände mit Vlies oder Luftpolsterfolie. So verpackt und vorausgesetzt, Sie wohnen nicht in einem Klimagebiet, das sich durch extrem harte und lange Winter hervortut, können Sie sogar versuchen, die Seerosen im Kübel zu belassen, da die Wahrscheinlichkeit des Durchfrierens gering ist. Im übrigen kann man auf diese Weise einen Bottich schützen, der selbst nicht frosthart, aber mit winterharten Pflanzen besetzt ist. Ein Risiko ist aber immer dabei, da man nie ganz ausschließen kann, daß das Gefäß Frostrisse bekommt und undicht wird.

Die Überwinterung eines Moorbeetes ist an sich problemlos, sofern Sie zur Abdichtung Folie oder ein Kunststoffbecken verwendet haben. Die vorwiegend einheimischen Moorbeetpflanzen überstehen den Winter gut, selbst Sarracenien sind meist frosthart. So reicht es denn völlig aus, wenn man in sehr kalten Gegenden ein paar Fichtenzweige zum Schutz darüberlegt. Schwieriger wird es natürlich, wenn zwar Ihre Pflanzen winterhart sind, nicht aber das Behältnis, in dem sie wachsen. Moorbeetpflanzen entwickeln sich besser, wenn sie draußen überwintern können. Wenn es jedoch nicht anders geht, dann pflanzen Sie sie (mit Torf!) in eine Kunststoffwanne um und überwintern diese möglichst hell und kalt. Vielleicht können Sie sich dazu durchringen, im nächsten Jahr ein anderes Pflanzgefäß zu verwenden.

Überwintern im Haus

Wenn es sich um ein teures Gefäß handelt, sollten Sie sich doch die Mühe machen und es lieber ins Haus tragen, falls sein Gewicht dies zuläßt. Dafür läßt man vorher soviel Wasser wie möglich ab und füllt erst, wenn der Kübel an seinem Überwinterungsplatz steht, wieder auf. Es ist nicht notwendig, mit Ausnahme von sehr flachen Schalen, das Gefäß bis an den Rand mit Wasser zu füllen. Etwa 10 bis 15 cm Wasserstand sind ausreichend. Selbstverständlich ist darauf zu achten, daß Erde und Pflanzen nie austrocknen.

Ein guter Platz zum Überwintern ist ein frostfreier und nicht zu dunkler Keller. Über 15 °C sollte die Raumtemperatur nicht steigen, da die Pflanzen dann zu früh anfangen auszutreiben. Ebenfalls geeignet ist eine Garage mit Fenster, in der es natürlich nicht frieren darf.

Kleine Wasserschalen können Sie sogar in einem Wohnraum unterbringen. Dies hat jedoch den Nachteil, daß die relativ hohen Temperaturen die Pflanzen aus dem Rhythmus bringen. Die, zumindest für alle einheimischen Gewächse notwendige, Winterruhe fällt weg, was die meisten Pflanzen nicht gut vertragen. Außerdem kann es passieren, daß sie vorzeitig anfangen zu wachsen und zu blühen, und dann im Frühjahr und Sommer, also der eigentlichen Vegetationszeit, vor sich hin kümmern. Ähnliches gilt für einen geheizten Wintergarten oder ein warmes Gewächshaus. Optimal wäre also ein heller Platz mit einer Temperatur zwischen 5 und 10 °C.

Im übrigen sollten Sie Schalen und bewegliche Kübel nicht zu lange im Haus lassen. Leichte Fröste schaden weder Gefäß noch Pflanzen, mit Ausnahme von Wasserhyazinthe, Muschelblume, Feenmoos, Schwimmfarn, Zypergras und Papyrus. Bringen Sie also das Gefäß je nach Witterung erst im November oder Dezember ins Haus und stellen Sie es etwa ab März wieder an seinen Platz.

In den meisten Fällen dürfte das Wasserbecken jedoch zu schwer sein, um es zu transportieren. Da bleibt dann nichts anderes übrig, als es zu entleeren und die Pflanzen gesondert zu überwintern. Dieses Ausleeren hat den großen Nachteil, daß sämtliche Kleinstlebewesen, die sich im Wasser und im Bodengrund befinden, sterben. Ebenso werden die Überwinterungsorgane zum Beispiel von Pfeilkraut und Froschbiß vernichtet. Während die etwa markstückgroßen Knollen des Pfeilkrautes relativ leicht im Schlamm auszumachen sind, dürfte es dem Laien schwerfallen, die winzigen Sprossen vom Froschbiß zu finden. Am besten geben Sie einen Teil des Bodengrundes und etwas Teichwasser in einen Eimer und überwintern diesen ebenfalls im Keller.

Ein frostempfindlicher Behälter muß unbedingt ganz entleert werden! Sicherheitshalber sollte gerade bei leeren Betonringen der Boden mit einer Laubaufschüttung bedeckt werden. Am besten deckt man den Ring noch mit Brettern oder Folie ab. So ist die Wahrscheinlichkeit, daß der Beton Risse bekommt, sehr gering.

Wenn Sie das leere Becken säubern wollen, so entfernen Sie die Algen an den Rändern mit einer Wurzelbürste und spülen die Reste mit klarem Wasser ab. Es sollten keine scharfen Reinigungsmittel verwendet werden, da eventuelle Rückstände auch noch im nächsten Frühjahr das gesamte Teichleben vernichten können.

Wie überwintert man nun die einzelnen Pflanzen?

Für die einheimischen Sumpf- und Wasserpflanzen nehmen Sie am besten eine Kunststoffwanne oder entsprechend viele Eimer, füllen etwas Teicherde und Wasser ein und setzen die Pflanzen hinein. Säubern Sie sie vorher von abgestorbenen, fauligen Blättern und Wurzeln, aber lassen Sie möglichst viel Erde am Wurzelballen.

Seerosen ziehen sich im Herbst auf kurzes Unterwasserlaub zurück. Dieses Laub und der Wurzelstock (Rhizom) dürfen nicht einfrieren, was bei einem etwa 80 cm tiefen Teich normalerweise kein Problem darstellt. Bei der geringen Tiefe der meist auch noch freistehenden Gefäße unserer Miniatur-Wassergärten ist die Wahrscheinlichkeit des Durchfrierens dagegen sehr groß. Am einfachsten ist die Überwinterung von Seerosen, wenn sie in einen Korb gepflanzt wurden. In diesem Fall nimmt man den Korb vorsichtig heraus, schneidet die verfaulten Blätter ab und stellt ihn in eine Wanne mit Wasser an den Überwinterungsplatz. Die kurzen Winterblätter dürfen nie austrocknen! Man kann die Pflanze anstelle von Wasser auch mit einer dicken Schicht von feuchtem Laub bedecken. Der Vorteil der Korbpflanzung ist, daß die Seerose nicht jeden Herbst gestört und unnötig Wurzeln abgerissen werden.

Wenn Sie Ihre Seerose frei ausgepflanzt haben, dann heben Sie sie vorsichtig heraus. Versuchen Sie, möglichst wenig Wurzeln dabei zu beschädigen. Schauen Sie sich das Rhizom genau an: Seerosenwurzelstöcke faulen häufig am hinteren Ende. Sie riechen dann nicht besonders gut, was man aber erst bemerkt, wenn man sie auspflanzt. Dieser Vorgang ist ganz normal und kein Grund, die Pflanze wegzuwerfen. Schneiden Sie die faulen Stellen mit einem scharfen Messer sauber ab. Anschließend pflanzen Sie die Seerose in einen Eimer mit etwas Erde und füllen ihn voll Wasser.

Während Seerosen ohne Schwierigkeiten leichte Fröste vertragen, gibt es andere Pflanzen, die man unbedingt vor dem ersten Frost, am besten schon bevor die Nachttemperaturen unter etwa 8 °C sinken, ins Haus holen muß. Sie dürfen auch erst nach den Eisheiligen wieder ins Freie gebracht werden. Zu diesen Pflanzen zählen das Zypergras *(Cyperus alternifolius)* und die recht empfindliche Papyrusstaude *(Cyperus papyrus)*. Da diese beiden in unseren Breiten nur als Zimmerpflanze geeignet sind, sollte man sie nur im Hochsommer in oder an das Wasserbecken stellen und im Frühherbst wieder in einen hellen und warmen Raum bringen.

Ebenfalls im Winter warm und hell brauchen es Muschelblume *(Pistia stratiotes)* und Wasserhyazinthe *(Eichhornia crassipes)*. Während sich die Muschelblume relativ leicht in einer Schale am Fenster

Ein Wasserbecken im Wintergarten bringt Abwechslung und verbessert die Wachstumsbedingungen für Zimmerpflanzen.

oder in einem Aquarium schwimmend überwintern läßt, macht die Wasserhyazinthe mehr Schwierigkeiten. Diese Pflanzen werden häufig im Laufe des Winters immer kleiner und vergehen schließlich ganz. Versuchen sollten Sie es auf jeden Fall. Eine Lichtquelle von oben (25 Watt) und ab und zu etwas Flüssigdünger erhöhen Ihre Erfolgschancen. Sollte es Ihnen nicht gelingen, die Wasserhyazinthe zu überwintern, so betrachten Sie sie eben als einjährige Pflanze, an der Sie immerhin den ganzen Sommer Ihre Freude hatten.

Recht gut überwintern lassen sich das Feenmoos *(Azolla caroliniana)* und der Schwimmfarn *(Salvinia natans)*. Auch sie wollen einen hellen und warmen Platz und ein wenig Dünger. Sie müssen unbedingt vor den ersten kalten Nächten hereingeholt werden. Wenn *Azolla caroliniana* sich braunrot verfärbt hat, ist es schon zu spät. Da diese rötlichen Pflänzchen aber auch sehr hübsch auf der Wasseroberfläche aussehen, genügt es, wenn Sie rechtzeitig ein paar vor der Kälte retten und den Rest draußen schwimmen lassen.

Das ebenfalls nicht winterharte Brasilianische Tausendblatt *(Myriophyllum brasiliense)* macht die wenigsten Schwierigkeiten. Man knipst einfach einige Triebe, möglichst mit ein paar Luftwurzeln, ab, pflanzt sie in einen Topf mit gewöhnlicher Blumenerde und stellt ihn auf die Fensterbank oder verwendet ihn als Hängeampel. Das Brasilianische Tausendblatt benötigt keinen Wasserstand.

Wasserbecken im Wintergarten

Glücklich können Sie sich schätzen, wenn Sie einen Wintergarten Ihr eigen nennen! Mit relativ wenig Aufwand wird aus einem solchen gläsernen Zimmer oft der Lieblingsplatz der ganzen Familie. Es gibt unzählige Möglichkeiten der Gestaltung, die sich keineswegs auf Zimmer- und Kübelpflanzen beschränken. So sollten Sie ruhig einmal mit Wasser und tropischen Pflanzen experimentieren, und Sie werden sehen, daß diese exotisch anmutende Umgebung ein Ruhepol für Geist und Seele ist. Auch wird durch die Verdunstung des Wassers die relative Luftfeuchtigkeit erhöht und das Raumklima erheblich verbessert.

Entscheidend für die Art der Bepflanzung ist vor allen Dingen, ob es sich um einen im Winter beheizten oder unbeheizten Anbau handelt. Wenn er nicht beheizt wird oder werden kann, so müssen Sie streng darauf achten, ob er frostfrei ist oder nicht. Besteht die Gefahr, daß es in diesem Raum friert, können Sie ihn im Winter kaum nutzen. Ist er jedoch frostfrei, bietet er sich geradezu als Überwinterungsplatz für Balkonpflanzen und nicht winterharte Wasserbecken an. Da die einheimischen Pflanzen im Winter alle einziehen und Winterruhe halten, wird Ihr Wintergarten sich nicht durch üppigen Pflanzenwuchs auszeichnen. Wenn Sie diesen Raum jedoch so beheizen (zum Beispiel durch Solarenergie), daß er auch im Winter ein angenehmer Aufenthaltsort ist, dann stehen Ihnen viele Möglichkeiten für die Gestaltung mit Wasser offen.

Da solch ein Glaskasten von der Sonne sehr schnell erwärmt wird, braucht man an sonnigen Wintertagen nur nachts zu heizen. Die Temperaturen sollten tagsüber nicht unter 18 °C und nachts nicht unter 10 °C absinken. Wenn Sie einen Temperaturfühler mit dem Heizsystem koppeln, läßt sich das leicht automatisch regeln. Besonders günstig ist eine Fußbodenheizung, tropische Wasserpflanzen mögen einen »warmen Fuß«. Achten Sie aber darauf, daß Erde und Wasser sich nicht zu sehr aufheizen.

Für den Sommer muß unbedingt eine Schattierung vorhanden sein, da es sonst zu heiß wird. Bei kleinen Schalen mit geringer Wasserfläche kann auch nur wenig Wasser verdunsten, so daß die relative Luftfeuchtigkeit eventuell zu niedrig ist. Dadurch können die Blätter von Wasserpflanzen vertrocknen. Vergessen Sie also nicht, an heißen Tagen zu schattieren, und füllen Sie Sommer wie Winter regelmäßig verdunstetes Wasser nach.

Liegt Ihr Wintergarten vorwiegend im Schatten (zum Beispiel verglaster Nordbalkon), so benötigen Sie eine Pflanzenlampe. Tropische Pflanzen lieben es hell und warm. Natürlich wachsen sie auch unter weniger optimalen Bedingungen, aber sie werden Sie dann kaum mit Üppigkeit und Blütenpracht erfreuen.

Je nachdem, wieviel Platz vorhanden ist, kann man beliebig große Kübel und Schalen, einzeln oder in Gruppen aufstellen. Auch ein fest gemauertes und mit Teichfolie ausgekleidetes Becken eignet sich hervorragend. In jedem Fall müssen Sie das große Gewicht der Wasserbecken bedenken und sich genau erkundigen, wieviel der Boden Ihres Wintergartens aushält. Um die vielleicht unschönen Wannen zu verdecken, kann man zum Beispiel ein paar Steine oder auch gewöhnliche Zimmerpflanzen darum herumdrapieren. Sie wachsen in der feuchten Luft besser als in den meist überheizten und trockenen Wohnräumen. Auch ein kleiner, zurückhaltend integrierter Zimmerspringbrunnen wird seine Wirkung kaum verfehlen.

Als Pflanzsubstrat empfiehlt sich, genau wie für den Freilandteich, eine nährstoffarme und möglichst lehmige Erde. Während man Kübel und Schalen mit mindestens 10 cm Erde füllt, ist es bei einem größeren Wasserbecken sinnvoll, die Pflanzen in Gitterkörbe zu setzen. Verschiedene Wassertiefen erreicht man durch unterschiedlich dicke Substratschichten beziehungsweise dadurch, daß man die Pflanzkörbe teilweise auf Steine stellt.

Ein wenig Dünger (siehe Seite 22) geben Sie nur hinzu, wenn die Pflanzen kümmern. Werfen Sie den Dünger nicht einfach ins Wasser, sondern geben Sie ihn nahe den Wurzeln der betreffenden Pflanze in den Boden. So kann er seine Wirkung am richtigen Ort entfalten. Abgestorbene Pflanzenteile sollten Sie entfernen, bevor sie ins Wasser gelangen. Algen werden sich kaum vermeiden lassen, die Bedingungen sind zu günstig für sie. Algen lieben Wärme und Licht, und davon bekommen sie reichlich, es sei denn, der größte Teil der Wasseroberfläche wird von Schwimmpflanzen, wie zum Beispiel Feenmoos oder Muschelblume, bedeckt.

Bei der Pflanzenauswahl ist es nun wichtig, daß Sie sich für solche Arten entscheiden, die es auch im Winter warm haben wollen. Unsere einheimischen Sumpf- und Wasserpflanzen sind ungeeignet für einen beheizten Wintergarten. Sie benötigen unbedingt Winterruhe. Wenn sie auf-

Wasserbecken im Wintergarten mit Papyrus, Blauer Seerose, Wassermohn, Muschelblume und Brasilianischem Tausendblatt (von links nach rechts)

grund hoher Temperaturen im Herbst nicht einziehen können, wird ihr Rhythmus durcheinandergebracht, und sie kümmern Sommer wie Winter. Tropische Pflanzen sind nicht an diesen jahreszeitlichen Rhythmus gebunden und verlieren so das ganze Jahr nichts von ihrer Attraktivität.

Tropische Wasserpflanzen

Die im folgenden aufgelisteten Wasserpflanzen sind im allgemeinen problemlos zu kultivieren. Ebensowenig dürfte es Schwierigkeiten bereiten, sie in einer gut sortierten Wasserpflanzengärtnerei zu erhalten.

Papyrus *(Cyperus papyrus)*. Eine wirklich prachtvolle Pflanze ist die Papyrusstaude, aus der im Altertum Papier hergestellt wurde. Ihre sehr dekorativen, schirmartigen Wedel werden bis zu 2 m hoch. Die Pflanze braucht also Platz, sowohl in der Höhe als auch in der Breite. Am besten setzt man sie für sich allein in einen großen Kübel mit einem Wasserstand von etwa 20 bis 40 cm. Der Papyrus ist durch seine Wuchsform wohl die auffälligste Pflanze für den Wintergarten. Er hat eine hervorragende Fernwirkung und eignet sich besonders als Einzelstück oder Hintergrundbepflanzung. Die Papyrusstaude verbreitet eine südliche, leicht exotische Atmosphäre und sollte, sofern genügend Platz vorhanden ist, in keinem Wintergarten fehlen.

Zypergras *(Cyperus alternifolius)*. Wenn Ihnen der Papyrus zu groß und wuchtig ist, können Sie statt dessen das von der Wuchsform her ähnliche, aber nur etwa halb so hoch werdende Zypergras einsetzen. Die auch als Zimmerpflanze bekannte Art braucht 10 bis 30 cm Wasserstand über den Wurzeln und eine hohe relative Luftfeuchte, da sonst die Blattspitzen braun werden.

Amazonaspflanzen *(Echinodorus*-Arten). Die Gattung *Echinodorus* dürfte allen Aquarianern bekannt sein. Für das Aquarium sind natürlich vorwiegend Arten mit untergetauchten Blättern von Bedeutung. Es gibt aber auch einige Arten, die als Sumpfpflanzen, zum Beispiel in Südamerika, verbreitet sind. Sie haben elliptische oder fast herzförmige Blätter. Auch diese Pflanzen können eine stattliche Größe erreichen. Zudem blühen sie sehr hübsch. Der Blütenstand kann bis zu 1,50 m hoch werden und trägt an den verzweigten Seitenästen viele kleine weiße Blütchen, ähnlich einem überdimensional großen Froschlöffel, mit dem diese Gattung auch verwandt ist. Der *Echinodorus* ist äußerst attraktiv und sollte als Solitär oder in den Hintergrund eines größeren Beckens gepflanzt werden.

Wasseramaryllis *(Crinum campanulatum)*. Eine wunderschön blühende und ausgefallene Pflanze ist die Wasseramaryllis. Es dürfte nicht ganz einfach sein, sie zu bekommen. Sie sollten es jedoch versuchen, es lohnt sich wirklich. Die Wasseramaryllis gehört zur Familie der Zwiebelgewächse *(Amaryllidaceae)*. Nahezu alle Vertreter dieser Familie sind Landpflanzen, *Crinum campanulatum* gehört zu den ganz wenigen Ausnahmen, die in Sumpf und Wasser leben. Die breit-lanzettlichen, bis zu 80 cm langen Blätter bilden eine Rosette, aus der sich der Blütenstand mit den großen, zartgliedrigen weißen Blüten erhebt. Die Wasseramaryllis bevorzugt flachen Wasserstand, sie ist immergrün und zieht nicht ein, wie die bei uns verbreitete Zimmeramaryllis.

Brasilianisches Tausendblatt *(Myriophyllum brasiliense)*. Es wächst sowohl unter als auch über Wasser. Pflanzt man es in eine Wassertiefe von 30 bis 40 cm, so ragen die Triebspitzen mit ihren sehr fein gefiederten Blättchen, wie kleine Bäume, nur wenige Zentimeter über die Wasseroberfläche hinaus und bilden mit der Zeit einen »kleinen Wald«. Wächst das Brasilianische Tausendblatt sumpfig, so hängen die Triebe über Schalen- und Beckenränder und schaffen somit einen Übergang zwischen Wasser und Land.

Was wäre ein Wasserbecken im Wintergarten ohne die tropischen Schwimmpflanzen, für die solch ein Becken gerade-

Die Triebe des Brasilianischen Tausendblattes erheben sich wie kleine Bäumchen einige Zentimeter über die Wasseroberfläche.

zu ideal ist? Außer ihrem schönen Aussehen und der einfachen Haltung bringen Schwimmpflanzen auch praktischen Nutzen: sie verhindern eine allzu starke Algenbildung, da sie das Wasser schattieren und ihm Nährstoffe entziehen.

Wasserhyazinthe *(Eichhornia crassipes)*. Eine inzwischen unter Wasserpflanzenfreunden sehr bekannte Art ist die Wasserhyazinthe mit ihren blasig verdickten Schwimmblättern und einem langen, blauschwarzen Wurzelbart. Die Wasserhyazinthe vermehrt sich stark durch Ableger. Während im Freien nur in sehr warmen Sommern mit einer Blütenbildung zu rechnen ist, sind Ihre Chancen groß, in ei-

Die Wasserhyazinthe zählt zu den schönsten tropischen Schwimmpflanzen.

nem warmen Glashaus die wunderschönen, blaßvioletten Blüten zu erleben. Sollen die Wasserhyazinthen in einem Gefäß ohne Erde schwimmen, so ist es sinnvoll, in größeren Abständen etwas Flüssigdünger ins Wasser zu geben.

Muschelblume *(Pistia stratiotes).* Das gleiche gilt für die Muschelblume, im Volksmund auch Wassersalat genannt. Die hellgrünen, muschelförmigen Blätter glänzen silbrig und sind in einer Rosette angeordnet. Ihr aparter Wuchs macht sie zu einem hübschen und relativ anspruchslosen Gewächs auf der Wasseroberfläche. Die weißen Blüten sind winzig und unscheinbar. Wie alle anderen aus den Tropen stammenden Pflanzen braucht sie Wärme und Licht, Tropfwasser verträgt sie nicht gut.

Wassernuß *(Trapa natans).* Leider nur einjährig, aufgrund des aparten Aussehens aber unbedingt erwähnenswert ist die Wassernuß. Früher in unseren Breiten heimisch, ist sie hier inzwischen fast ausgestorben, so daß die Exemplare, die man kaufen kann, meist aus Asien importiert sind. Die Wassernuß fühlt sich sowohl im Freiland als auch im Wintergarten wohl und ist eine Zierde für jedes Wasserbek-

ken. Die Rosetten können recht groß werden, bei uns jedoch wird ihr Durchmesser kaum 30 cm überschreiten. Die blasigen Verdickungen der Blattstiele verhindern, daß die Pflanze untergeht. Wenn man Glück hat, bildet sie zweiflügelige, braunschwarze Samen, die der Wassernuß ihren deutschen Namen eingebracht haben. Die Kerne sind eßbar und werden in manchen Ländern sogar als Nahrungsmittel angebaut. Läßt man diese Nüsse zu Boden sinken, entstehen daraus, sofern sie nicht taub sind, im nächsten Jahr neue Pflänzchen.

Schwimmfarn *(Salvinia natans)* und **Feenmoos** *(Azolla caroliniana).* Im Gegensatz zu diesen großen und auffälligen Schwimmgewächsen wirken Schwimmfarn und Feenmoos eher unscheinbar. Die einzelnen Pflänzchen sind nur 1 bis 3 cm groß, vermehren sich aber unwahrscheinlich und bilden schnell einen dichten Teppich auf der Wasseroberfläche. Da man sie leicht abschöpfen kann, wenn sie sich zu stark ausbreiten, kann man sie zum Klären des Wassers bedenkenlos in jedes Gefäß geben. Außerdem sind diese kleinen Pflanzen aus der Nähe betrachtet ausgesprochen hübsch.

Blaue Seerosen brauchen Wärme. Sie entfalten ihre zarten Blüten in unseren Breiten nur unter Glas.

Eine Besonderheit für ein Warmwasserbecken: der Wassermohn

Seerosen (*Nymphaea*-Arten). Die Königin des Wassergartens ist wohl nach wie vor die Seerose. Da sie sehr sonnen- und wärmeliebend ist, gedeiht sie in einem Wintergarten besonders gut und blüht dort fast unermüdlich. Ein paar Gesichtspunkte müssen Sie beachten, damit sich der gewünschte Erfolg einstellt.

Entscheidend ist die Wahl der Sorte. Sie muß kleinwüchsig sein und eine Wassertiefe von maximal 50 cm bevorzugen. Eine zu starkwüchsige Sorte würde in kürzester Zeit den Kübel mit ihren Blättern zuwuchern. Am günstigsten ist es, jede Seerose allein in eine Wanne zu pflanzen, damit sie genug Platz hat und entsprechend zur Geltung kommt. In einem großen, eingemauerten Becken setzt man die Seerose am besten in einen der handelsüblichen Gitterkörbe für Wasserpflanzen.

Alle Seerosensorten wollen eine gewisse Ruheperiode, in der sie sich vorwiegend auf Unterwasserblätter zurückziehen. Es ist also völlig normal, wenn Ihre Seerose eine Zeitlang nicht blüht und kaum Schwimmblätter produziert. Auch bei tropischen Pflanzen können Sie im Winter niedrigere Temperaturen einstellen, dies unterstützt die Ruhepause. Im Gegensatz zu winterharten Sumpf- und Wasserpflanzen macht es den frostempfindlichen Seerosensorten aber wenig aus, ohne richtigen Winter auskommen zu müssen.

Die folgenden klein- und schwachwüchsigen Sorten bevorzugen einen Wasserstand von 20 bis 40 cm über den Wurzeln und bieten sich alle für die Kultur im Wintergarten an.

In den verschiedensten Rottönen leuchten zum Beispiel die Sorten 'Froebelii', 'James Brydon', 'Laydekeri Purpurata' und *Nymphaea pygmaea* 'Rubra'. Ein strahlendes Weiß zeigen *Nymphaea candida* und die kleinste aller Seerosen, *Nymphaea tetragona*, deren Blüte nur einen Durchmesser von knapp 3 cm erreicht. Wenn Sie sich eine gelbe Zwergseerose erträumen, sollten Sie sich nach der robusten Sorte *Nymphaea pygmaea* 'Helvola' umsehen. Einen hübschen rosa Farbton bietet 'Laydekeri Lilacea'. Wunderschön sind auch die sogenannten Chamäleons unter den Seerosen. Sie verändern ihren Farbton im Zeitraum zwischen Auf- und Verblühen, meist spielen sie zwischen Gelbrosa und Orange. Zu ihnen gehören zum Beispiel die Sorten 'Aurora', 'Indiana' und 'Sioux' (nähere Beschreibung siehe Seite 40f.).

In einem Wintergarten können Liebhaber endlich all jene ausgefallenen, tropischen Wasserpflanzen kultivieren, denen es in unseren Breitengraden zu kalt ist. Allen voran steht wohl die Blaue Seerose *(Nymphaea daubenyana, N. zanzibariensis, N. stellata)*, von der es verschiedene Züchtungen gibt. Das Farbenspiel erstreckt sich von Zart- über Lilablau bis zu einem kräftigen, mittelblauen Farbton. Die Blüten mit den relativ schmalen Kronblättern ragen immer ein Stück über die Wasseroberfläche hinaus. Am besten setzt man sie allein in einen Pflanzkorb. Um ihre Blüten zu entwickeln, braucht sie warme Temperaturen. Etwa 20 bis 25 °C und ein Wasserstand von 20 bis 40 cm sind optimal.

Wassermohn *(Hydrocleys nymphoides)*. Wie die Seerosen gehört auch der Wassermohn zu den Schwimmblattpflanzen. Mit seinen etwa 5 cm großen, dreiblättrigen, zartgelben Blüten mit violettbraunem Herz zählt er zu den Besonderheiten eines Warmwasserbeckens. Die leicht herzförmigen, ledrigen Blätter sitzen in Rosetten an Ausläufern. Dem Wassermohn genügt eine Wassertiefe von 10 bis 20 cm. Wenn er sich wohlfühlt, vermehrt er sich gut und blüht unermüdlich.

Selbstverständlich gibt es wesentlich mehr Pflanzen, die sich in einem Wintergarten gut kultivieren lassen. Wenn Sie erst einmal Spaß daran entdeckt haben, werden Sie sicherlich manches selbst ausprobieren wollen. Am besten fragen Sie nach, was Ihnen Ihr Facnbetrieb anbieten oder besorgen kann.

Literatur

Bartenschlager, E.M.: Die Tiersprech-stunde — Tiere im Wassergarten. Falken-Verlag, Niederhausen 1986.

Beck, P.: Der optimale Gartenteich. Aqua Documenta, Bielefeld 1988.

Behrends, J.: Wasser in unserem Garten. Franckh'sche Verlagshandlung, Stuttgart 1985.

Bellmann, H.: Leben in Bach und Teich. Mosaik Verlag, München 1988.

Bursche, E.-M.: Wasserpflanzen. Verlag Neumann-Neudamm, Melsungen 1980.

Compo-Edition: Seerosen und andere Wasserpflanzen. Stedtfeld, Münster 1989.

Foerster, K.: Der Steingarten der sieben Jahreszeiten. Verlag Neumann-Neudamm, Melsungen 1981.

Glück, H.: Biologische und morphologische Untersuchungen über Wasser- und Sumpfgewächse. Jena 1936.

Hagen, P.: Teichbau und Teichtechnik. Verlag Eugen Ulmer, Stuttgart 1995.

Jahn, J.: Der kleine Gartenteich. Albrecht Philler Verlag, Minden 1983.

Jelitto, L., W. Schacht und A. Feßler: Die Freiland-Schmuckstauden. Verlag Eugen Ulmer, Stuttgart 1985.

Kasselmann, C.: Aquarienpflanzen. DATZ-Atlas. Verlag Eugen Ulmer, Stuttgart 1995.

Kircher, W.: Pflanzen für den Wassergarten. Verlag Eugen Ulmer, Stuttgart 1996.

Kohle, R. und Sulzberger, R.: Gartenteich und Bachlauf. Naturbuch Verlag, Augsburg 1992.

Krausch, H.-D.: Farbatlas Wasserpflanzen. Verlag Eugen Ulmer, Stuttgart 1995.

Ledbetter, G.T.: Water Gardens. Alphabooks, Sherborne, Dorset 1981.

Mönkemeyer, W.: Die Sumpf- und Wasserpflanzen. Verlag Paul Parey, Berlin und Hamburg 1897.

Mühlberg, H.: Das große Buch der Wasserpflanzen. Verlag Werner Dausien, Hanau 1980.

Paul, A. und Y. Rees: Der Wassergarten. Mosaik Verlag, München 1987.

Pott, E.: Bach — Fluß — See. BLV Verlagsgesellschaft, München 1979.

Schminck, H.: Farne in Natur und Garten. Fröhlich Druckerei, Verlag und Werbung GmbH, Celle 1990.

Seike, K. und M. Kudo: Japanische Gärten und Gartenteile. Heyne Verlag, München 1983.

Stadelmann, P.: Der Gartenteich. Verlag Gräfe und Unzer, München 1989.

Stein, S.: Wassergärten. BLV Verlagsgesellschaft, München 1984.

Swindells, Ph.: Waterlilies. Biddles Ltd., Guildford and King's Lynn, England 1983.

Wachter, K.: Der Wassergarten. Verlag Eugen Ulmer, Stuttgart 1993.

Wit, H.C. de: Aquarienpflanzen. Verlag Eugen Ulmer, Stuttgart 1971.

Bezugsquellen für Wasserpflanzen

Aufgeführt sind Spezialbetriebe, die sich bevorzugt mit Wasserpflanzen beschäftigen.

Julius Hochstetter
Postfach 11 04
83302 Trostberg-Deisenham

H. Junge, Niedersächsische Stauden- und
Wasserpflanzenkulturen
Seeangerweg 1
31787 Hameln

Kayser und Seibert, Odenwälder Pflan-
zenkulturen
Wilhelm-Leuschner-Straße 85
64380 Roßdorf

Wasserpflanzen- u. Staudengärtnerei
Peter Kohle (Dipl. Ing. FH)
Zum Lindenrain 7/Wiesen
82549 Königsdorf

Wasserpflanzengärtnerei
Erhard Oldehoff
Sieglmühle 2
94051 Hauzenberg/Bayer. Wald

Seerosenkulturen
Franz Berthold
Hadrianstraße 55
83413 Fridolfing

Garten Center Radloff
Walter Radloff
Schnieglinger Straße 54
90419 Nürnberg

Stauden- und Wasserpflanzengärtnerei
Karl Wachter KG
Rollbarg
25482 Appen-Etz

Verschiedene Gefäße, Folien und sonstiges Zubehör erhalten Sie außerdem in Fachgärtnereien, Gartencentern und im Baustoffhandel.

Bildquellen

Beßler, B., Hannover: Seite 41 unten.
Felbinger, A., Leinfelden-Echterdingen:
Seite 6, 19, 23, 51, 53, 56.
Hieronimus, H., Geobios Solingen: Seite
90 unten.
Kohle, R., Geretsried: Seite 14, 29, 39
oben, 41 oben, 45, 59, 80, 83.
Laux, H.E., Biberach: Seite 7, 28, 54, 63.
Redeleit, W., Bienenbüttel: Umschlagrück-
seite.
Reinhard, H., Heiligkreuzsteinach: Seite
10, 30, 35, 36, 39 unten, 43, 46, 47,
55, 68, 71, 73 (2), 76 (2), 78, 79, 91
unten.
Ruckszio, M., Taunusstein: Titelbild
(beide).
Sammer, S., Neuenkirchen: Seite 2, 18, 50,
60.
Schmidt, E., Wetzlar: Seite 31, 33, 34, 58.
Schmidt, J., Geobios Solingen: Seite 40, 77,
91 oben.
Stahl, M., Stuttgart: Seite 82, 86.
Strauß, F., Au i.d. Hallertau: Seite 32.
Sulzberger, R.M., Lindau: Seite 90 oben.

Die Zeichnungen fertigte Marlene Gemke, Germering. Unterstützt wurde sie dabei von Manuela Hutschenreiter.

Register

Sternchen verweisen auf Abbildungen, halbfette Seitenzahlen auf Schwerpunkte.